지방자치단체의 재난대응론

박 동 균
박 창 근
송 철 호
오 재 호

도서출판 대영문화사

머 | 리 | 말

우리나라는 과거 태풍 루사와 매미, 에위니아 등 해마다 반복되는 자연재난과 성수대교와 삼풍백화점 붕괴사고, 대구 지하철 화재사고, 상주 MBC 가요콘서트 참사 등 시간과 공간을 초월하여 많은 재난사고들이 끊임없이 발생하고 있다.

실제로 '위험 사회'라고 일컬어지는 현대사회의 복잡한 시스템 속에서 자연적인 이유든 인위적인 이유든 간에 국민의 생명과 재산을 위태롭게 하고, 또한 국가 전체의 행정을 위기상황에 빠뜨리게 하는 혼란 상황이 초래되고 있는 것이다. 실제로 지난 2007년 12월 7일에 발생한 충남 태안 앞바다에서 유출된 원유가 인근 해안으로 확산되며, 사상 최악의 해양사고라는 우려가 현실로 나타났으며, 서해안의 전체 생태계를 위협하는 등 경제적인 피해만도 수조 원으로 추정된다.

주지하는 바와 같이, 현대사회는 교통, 통신 및 컴퓨터 기술의 비약적인 발전에 따라 순기능과 함께 여러 가지 형태의 부작용이 시간과 공간을 초월하여 연쇄화되고 있어 인적 재난과 천재지변을 수반하고 있다.

현대 도시가 고도화하고, 중심부에서 고밀도화 및 다기능화 함에 따라서 각종 재난에 취약해지고 있는 상황에서 평상시의 재난관리 역량제고 필요성이 절실하게 요청되는 상황에 직면해 있다.

재난관리는 궁극적으로 국민의 삶의 질과 복지에 직결되는 중요 정책과제이다. 즉, 재난관리의 부실은 행정 서비스의 수혜 대상인 국민들의 생명과 재산피해뿐만 아니라 국가 시스템 및 지방자치단체에도 상당한 악영향을 미쳐 총체적인 위기상황을 초래할 수 있다.

이와 같은 맥락에서, 지방자치단체 영역에서 재난관리가 중요한 정책

과제로 등장하게 되는데, 지방자치단체는 행정조직의 최일선에서 실질적인 국민들의 재산과 생명을 보호해야 하며, 재난발생의 현장에 가장 근접한 위치에 있기 때문이다. 즉, 지방자치단체는 재난관리의 실질적인 운영을 관리하는 일선책임기관이다. 따라서 효율적인 재난관리에 대한 책임은 대부분이 중앙정부보다는 지방자치단체에게 주어지게 된다.

이 글에서 중점적으로 다루어질 지방자치단체의 재난에 대한 대응 과정은 불확실성(uncertainty), 긴급성(urgency), 집중성(convergence), 비상 심리(emergency consensus), 주민역할의 변화, 계약과 일반적인 관계의 약화를 특징으로 한다. 특히 대응과정은 적실성(relevancy)이 가장 강조되는 과정이며, 지금까지 준비한 대책들이 가동되고, 계획의 합리성과 훈련의 실효성이 검증된다. 즉, 재난에 대한 대응 과정은 실제로 재난이 발생한 경우 재난관리 기관들이 수행해야 할 각종 임무 및 기능을 적용하는 활동과정으로서 완화단계, 대비단계와 상호 연계함으로써 제2의 손실이 발생할 가능성을 감소시키고, 복구과정에서 발생할 수 있는 문제점들을 최소화하는 재난관리의 실제 활동 국면을 의미한다.

궁극적으로, 성공적인 재난관리의 핵심은 재난발생을 최소화하기 위한 철저한 대비 노력과 함께 불가피하게 발생한 재난에 신속하고 효율적인 초기대응과 복구를 수행하는 것이다. 그러나 우리나라의 재난관리는 아직까지도 과거에 발생한 대형 재난으로부터 학습이 미비하였다.

이 글에서는 지방자치단체의 재난에 대한 초동대응 행정시스템을 중점적으로 분석하였다. 여기서 도출된 문제점을 중심으로 제시한 합리적인 정책대안들이 향후 정책으로 실현되길 희망한다.

더불어 재난관리 분야에 대해 연구지원을 아끼지 않으신 희망제작소 박원순 상임이사님과 이재은 소장님, 이책의 출간을 허락해 주신 대영문화사 임춘환 사장님께도 감사드린다.

2009년 1월

공저자를 대신하여 박동균 씀

차 례

표 | 차례

그림 차례

제1장

지방자치단체 재난대응 연구의 목적과 방법

1. 지방자치단체 재난대응 연구의 목적

인류의 역사는 재난의 역사라고 할 만큼 전 세계 각국에서는 지리적·지형적인 특성에 따라 수많은 재난들을 경험해 왔다. 오늘날 인류문명에 지대한 공헌을 한 과학기술의 발전조차도 고대로부터 지속된 각종 자연재난의 위협으로부터 벗어나기는커녕 오히려 새로운 인적 재난의 원인이 되어 인류문명의 발전에 위협을 가하고 있다.

우리나라는 서구의 200년에 걸친 근대화의 역사를 불과 20년으로 단축하였고, 전근대적·근대적·후근대적 형태가 함께하는 '비동시적인 것의 동시적 병존' 상태를 초래하였다. 이러한 과정에서 우리 사회는 위험에 대한 인식조차 제대로 하지 못한 채 대형사고와 재난을 겪었다. 더욱이 비정상적인 정치구조로 인하여 사회 각 구분이 왜곡되어 발전하는 특성과 이중 삼중 복합적 위험사회의 형태를 띠고 있다(유문부, 2004: 220). 주목할 점은 이러한 사고와 위험을 겪으면서도 그것에 대한 철저한 문제의식과 성찰이 부족하여 위험과 재난이 줄어들지 않고 있다.

[그림 1-1] 자연재난 사례

우선, 우리나라의 자연재난은 역사 이래 지속적으로 발생하였다.

1959년 태풍 사라는 849명의 인명 피해를 발생시켰고, 1972년 안양·시흥지구 수해, 1979년 태풍 주디, 1984년 대홍수, 1987년 중부지방 호우, 1989년 영·호남 호우, 1990년 한강 대홍수, 1991년 태풍 글래디스, 1995년 태풍 제니스, 1996년 경기·강원 북부 호우, 2002년 태풍 루사, 2003년 태풍 매미, 2004년 폭설과 2006년 태풍 에위니아까지 매년 지속적으로 발생하고 있다.

또한, 인적 재난의 경우에는 1990년에 들어 그 심각성이 고조되었다.

1993년 청주시 우암상가 붕괴로 28명이 사망하고, 48명이 부상당하는 커다란 인적 재난이 발생한 이래, 1994년 화성 씨랜드 화재사고, 1994년 성수대교 붕괴사고와 아현동 가스폭발사고, 1995년 대구 가스유출사고와 삼풍백화점 붕괴사고,[1] 1997년 남원 버스 열차 충돌사고, 1998년 부

1) 1995년 6월 29일 오후 5시 55분경 서울의 서초동에 위치한 삼풍백화점이 무너지는 유사 이래 최악의 붕괴사고가 발생하였다. 이 사고는 2개동 5층 건물 중 1개동이 순식간에 무너져 내리면서 건물 안에 있던 직원과 쇼핑객이 501명 사망(사망: 449명, 사망인

천 가스충전소 폭발, 1999년 인천호프집 화재사고, 2001년 광주 예지학원 화재, 2002년 성남 중앙시장 화재와 2002년 198명이 사망하고, 147명이 부상, 201명이 실종된 총 546명의 인명 피해를 냈던 대구 지하철 참사, 2005년 상주 MBC 가요콘서트 참사2)에 이르기까지 많은 인적 재난이 발생하였다.

최근에 발생한 재난사고들의 특성은 첫째, 재난의 발생양상이 점차 다양화・대형화되고 있으며, 둘째, 각종 재난은 도발적・가변적이어서 불확실성이 점차 증가하고 있고, 셋째, 재난에 대해 대응해야 하는 시간이 극히 짧아져서 재난관리를 위한 평상시 준비나 예방의 필요성이 중요하게 대두된다.

일반적으로 재난관리는 국민의 삶의 질과 복지수준에 직결되는 중요 정책과제이다. 즉, 재난관리의 부실은 행정서비스의 수혜 대상인 국민들의 생명과 재산피해뿐만 아니라 국가 시스템 및 지방자치단체에도 악영향을 미쳐 총체적인 위기상황을 초래할 수 있다.

정자: 52명), 6명이 실종, 937명이 부상, 재산피해만도 2천억원에 달하는 엄청난 인적 재난사고이다. 삼풍백화점 붕괴사고는 지난 70년의 와우아파트 붕괴사고, 93년 1월의 청주 우암상가아파트 붕괴사고에 이은 부실공사가 원인이 된 대참사였다. 이 사고는 한국사회의 안전의식 부재가 원인이 되는 전형적인 사고로서 건설업체의 부실공사, 행정관청의 형식적인 안전검사, 소홀한 관리감독이 문제점으로 판명되었다. 또한, 사고 후에도 효율적인 구조가 이루어질 수 없을 정도의 통합적인 지휘체계의 미비, 장비와 인력의 부족은 큰 문제점으로 다시 한 번 대두되었다.

2) 2005년 10월 3일 경상북도 상주자전거축제의 마지막 날 행사인 MBC 가요콘서트에서 불상사가 발생하였다. 콘서트를 관람하기 위해 상주 시민운동장에 입장하던 관람객들이 순식간에 넘어지면서 노약자 등 11명이 사망하고, 70여 명이 부상을 입는 사고가 발생한 것이다. 과거 우리나라에서 발생한 공연장 압사 사고로는 1959년 7월 부산 공설운동장에서 열린 『시민 위안의 밤』 공연 때 67명이 압사한 사고가 있다. 공연이 끝날 무렵 관중들이 소나기를 피해 한꺼번에 운동장 입구로 몰리는 바람에 참사가 벌어졌다. 또한, 1992년 2월에는 미국 팝 그룹 뉴 키즈 온 더 블록 공연장에서 열광한 팬들에게 떠밀린 여중생 1명이 압사했고, 1996년 12월 대구 문화방송 공개방송을 보기 위해 우방랜드에 모인 관객 8,000여 명이 한꺼번에 입장하려다 여중생 2명이 숨지고, 1명이 뇌사상태에 빠진 바 있다(한겨레신문, 2005. 10. 4).

[그림 1-2] 인적 재난 사례

성공적인 재난관리의 핵심은 재난발생을 최소화하기 위한 철저한 대비노력과 함께 불가피하게 발생한 재난에 신속하고 효율적인 초기대응과 복구를 하는 것이다. 그러나 우리나라의 재난관리는 아직까지도 과거에 발생한 대형재난에 대한 학습이 미비하고, 여러 가지 문제점을 노출하고 있다.

최근의 재난관리에 대한 선행연구들은 중앙정부의 재난관리 행정체제에 관한 연구가 많고, 지방자치단체의 재난관리 행정체제에 대한 연구는 미미한 편이다. 즉, 지방자치단체의 재난관리 조직 및 행정시스템 개편에 대해서는 지방자치단체조차도 주체적으로 관심을 갖기 보다는 중앙정부의 지침에 의존하는 현상을 보이고 있다.

재난관리에 있어서 지방자치단체의 역할이 중요한 이유는 지방자치단체가 재난발생시 재난현장의 최일선에 위치해 있고, 지역주민의 생명과 재산을 보호해야 할 책무를 수행하고 있기 때문이다. 아울러 재난이 발생하면, 복구비 등 지방자치단체가 부담해야 할 비용이 급격하게 증가하게 된다.

이와 같은 재난관리는 완화(예방)와 대비, 대응과 복구라는 네 단계의 총체적인 과정이다.

여기서, 완화(예방) 과정은 재난발생 이전에 재난의 피해를 경감하기 위한 모든 활동으로서 각종 재난으로부터 국민의 생명과 재산에 대한 위험 정도를 감소시키려는 장기적인 내용으로 구성된다. 또한, 대비(준비) 과정은 앞서 언급한 완화(예방) 과정의 활동에도 불구하고, 재난발생 확률이 높아진 경우, 재난발생 후에 효과적으로 대응할 수 있도록 사전에 대응활동을 위한 메커니즘을 구성하는 등 운영적인 장치를 갖추는 단계이다. 아울러 대응과정은 재난이 발생한 경우, 재난으로 인한 인명과 재산피해를 최소화하고, 재난의 확산을 막으며, 순조롭게 복구가 이루어질 수 있도록 활동하는 단계이다. 끝으로 복구과정은 재난에 대한 대응조치 이후 피해상태를 재난발생 이전의 상태로 회복하기 위한 과정이다. 이와 같은 재난관리의 네 과정은 상호 분리된 것이 아니라 연계되어 총체적인 재난관리 시스템을 구성한다.

본 연구에서는 이와 같은 재난관리의 네 과정 중 특히 초기대응 측면을 중점적으로 분석하고자 한다.

앞서 살펴본 바와 같이 초기대응 과정은 불확실성(uncertainty), 긴급성(urgency), 집중성(convergence), 비상심리(emergency consensus), 주민역할 변화, 계약과 일반적인 관계의 약화를 특징으로 한다. 특히 초기대응 과정은 즉응적인 적실성(relevancy)이 가장 강조되는 과정이며, 지금까지 준비한 대책들이 가동되고, 계획의 합리성과 훈련의 실효성이 검증된다.

다시 말해서, 재난에 대한 초기대응 과정에서의 활동은 적시성(speed and timeliness), 적절성(appropriateness), 효과성(effectiveness) 등이 확보되어야 한다.

이러한 이론적 맥락에서 본 연구에서는 재난현장에 가장 인접한 곳에 있는 지방자치단체가 각종 재난에 초동대응을 효율적으로 수행할 수 있는 행정 시스템을 갖추고 있는지를 분석하고, 아울러 개선방향을 제시하고자 한다.

본 연구에서는 재난이 발생하면 광역지방자치단체[3])보다는 기초지방자치단체가 초동대응을 하는 것이 현실인 점을 감안하여, 시 · 군 단위에서의 대응 시스템을 중점적으로 분석하고자 한다.

2. 지방자치단체 재난대응 연구의 범위 및 방법

본 연구에서는 재난으로 인한 인명과 재산피해를 최소화할 수 있는 방안으로서 각종 재난에 대한 기초지방자치단체의 초기대응 시스템을 집중적으로 분석하고자 한다. 따라서 본 연구의 이론적 범위는 재난관리의 행정과정 중에서 '초동대응' 과정을 연구의 대상으로 한다.

이러한 재난에 대한 초동대응은 사전예방과 완화의 노력에도 불구하고, 불가피하게 발생된 재난 상황에서 희생자와 재산상의 피해를 최소화하기 위한 실질적인 현장 활동이며, 그 결과는 가시적이고 직접적으로 나타나므로 전문적인 초동대응 관리가 절실하게 요구된다.

구체적인 본 연구의 범위는 다음과 같다.

첫째, 본 연구에서 분석하고자 하는 재난은 자연재난으로서 주로 풍수해를 중점적으로 다루고자 한다. 재난은 크게 발생의 원인에 따라 자연적인 환경에서 생물학적 · 지질적 · 지리적 · 기상적인 조건이나 과정에서 발생하는 자연재난과 인간의 실수나 기술실패의 결과로서 혹은 인간에 의해 설계된 구조나 체계의 부작용으로서 나타나는 인적 재난으로 나눌 수 있는데, 여기서 자연재난은 풍수해, 지진, 우박, 해일과 같은 재난을 말하는데, 우리나라에서 발생하는 자연재난의 90%가 풍수해이다. 1960년대 이후 계속되어 온 산업화 및 도시화, 그리고 압축적 개발 방식

3) 재난예방 및 수습과정에서 광역지방자치단체는 중앙정부와 거의 유사한 기능과 역할을 수행하고 있다(권건주, 2003: 4).

의 누적은 최근 지구적 차원의 기상이변(온난화, 엘리뇨 등)과 맞물리면서 자연재난(특히 풍수해)의 발생빈도 및 피해 규모를 대형화, 다기화, 그리고 일상화하고 있다. 대규모의 다양한 사회적 재난과 자연재난이 복합적이고 일상적으로 발생하는 것은 21세기의 한국 사회가 전통적 위험과 구조적·복합적 위험에 이중적으로 노출되고 있음을 반증하는 것이다(권태호 외, 2007: 165).

특히, 돌발성, 예측 불가능성 및 통제 불가능성을 특징으로 하는 자연재난은 최근 10여 년간 발생건수가 지난 1960년대보다 3배 이상 증가하였고, 수해로 인한 피해 규모는 2002년 태풍 루사와 2003년 태풍 매미에서 보는 바와 같이, 이미 심각한 수준을 넘어서고 있다.

2000년부터 5년간 우리나라의 자연재난 피해액은 2조 9,812억원으로 1985년부터 5년간 피해액(6,950억원)의 4.29배이고, 2001년부터 5년간 자연재난 복구에 27조 9,802억원이 투입되었고, 이 중 정부 부담인 26조 5,680억원을 국민 1인당 세금으로 계산하면 약 55만원을 부담한 셈이다(동아일보, 2007).

둘째, 본 연구의 공간적 범위는 태풍 매미와 루사 등 연이어 다양한 자연재난이 발생하고 있는 강원도의 강릉시와 평창군을 선정하였다. 그 이유는 과거에 여러 재난이 발생하여 개선방안을 마련하였는데, 그러면 향후 또 다시 재난이 발생할 경우, 이와 같은 기초지방자치단체의 개선된 초기대응 행정시스템에는 문제점이 없는지를 집중적으로 분석해 보고자 하기 때문이다.

셋째, 내용적인 범위로서 본 연구에서는 현행 기초지방자치단체의 재난에 대한 초기 대응시스템의 실태를 재난담당 공무원들의 인식분석과 함께 분석해 보고, 아울러 문제점에 대한 정책대안을 도출하고자 한다.

이상과 같은 연구의 이론적·실제적 범위를 기준으로 삼을 때, 본 연구는 다음과 같이 나누어 논리적으로 구성할 것이다.

첫째로, 본 연구의 이론적 틀이라고 할 수 있는 2장에서는 재난관리의 개념과 제약요인, 과정모형과 초동대응의 이론적·실제적 중요성과 기능 등을 살펴보고, 관련 선행이론의 검토와 함께 연구의 분석 틀을 설정하고자 한다.

3장에서는 미국과 일본 등 주요 재난관리의 선진국의 재난 초동대응 사례를 분석하고, 아울러 우리에게 주는 시사점을 도출할 것이다.

4장에서는 과거 재난발생의 현황 및 지방자치단체의 재난 초동대응 사례를 분석하고, 5장에서는 지방자치단체의 재난 초기대응 행정시스템을 강릉시의 사례를 중심으로 분석할 것이다.

아울러 6장에서는 기초지방자치단체의 재난관련 부서에서 근무하는 담당 공무원들을 대상으로 현재의 초기대응 시스템과 관련된 주제를 가지고 설문조사를 통하여 인식을 분석할 것이다.

마지막으로 7장에서는 앞서 논의된 내용을 바탕으로 정책대안을 제시할 것이다.

본 연구에서는 탐색적 조사방법으로서의 문헌조사와 함께 실증적인 분석방법으로서 설문조사 방법을 병행하였다.

또한, 희망제작소 재난관리 연구소와 충북대학교 국가위기관리연구소, 인천대학교 위기관리연구센터 등에서 개최한 수차례의 학술세미나 및 공청회 등에서 강원도, 전라남도, 제주도 등에서 근무하는 재난현장에 근무하는 공무원 및 시민단체 봉사자 등의 다양한 목소리를 주로 청취하여 본 연구에 반영하였다.

구체적으로는 먼저 문헌조사를 위해서는 기존의 학자들과 공무원들의 관련 선행연구들과 각종 정부기관에서 발간한 보고서와 백서, 각종 통계자료, 신문과 잡지, 인터넷 등의 자료를 수집 분석하였으며, 이와 같은 2차 자료들의 분석을 통하여 재난관리 및 재난에 대한 초동대응의 이론적·실제적 중요성, 기초지방자치단체의 재난 초동대응의 역할, 주요 선진국들의 재난대응 시스템 사례에 관한 이론적 분석의 틀을 구성하였다.

아울러, 기초지방자치단체에서 재난관련 업무를 수행하고 있는 담당 공무원들에 대한 설문조사 방법을 활용하였다. 이와 같이 담당 공무원들에 대한 설문지 조사방법을 선택한 이유는 사회과학에서 특히 어떤 현상이나 이슈에 대한 인식이나 태도를 조사하는 데는 설문지 조사방법이 가장 적합하기 때문이다(박동균, 1995: 9).

이와 같은 설문조사 방법은 본 연구의 공간적 범위인 강원도의 강릉시와 평창군 재난관리 부서에 근무하는 공무원들을 대상으로 2007년 8월 10일부터 24일까지 2주간 연구자들이 직접 관청을 방문하여 설문지를 배포하고, 수거하는 방법을 활용하였다.

또한 수집된 설문지는 주로 빈도분석(frequency analysis)을 주로 활용하여 분석하였다.

종합적으로 볼 때, 본 연구는 단순한 문헌조사에서 간과하기 쉬운 한계를 극복하기 위하여 실증분석과 주요 선진국들의 사례조사 등 다양한 연구방법을 병행함으로써 사회과학 일반의 가설검증에 준하는 과학적인 연구에 접근할 것이다.

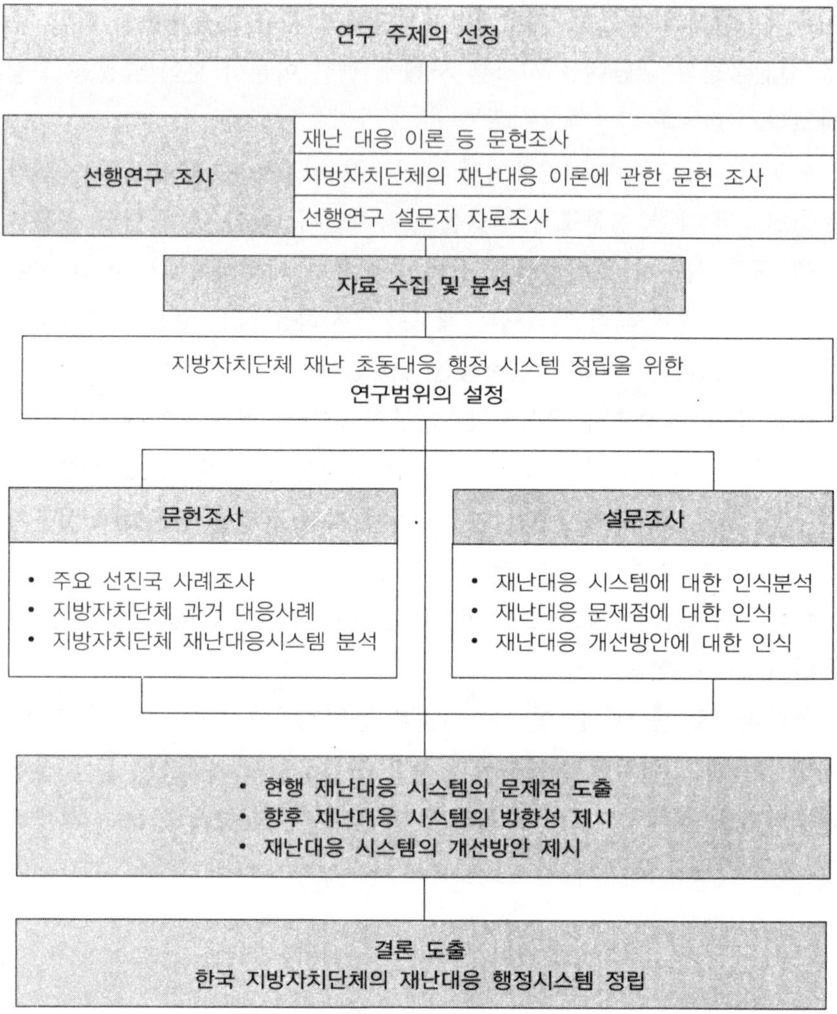
연구 주제의 선정
선행연구 조사
재난 대응 이론 등 문헌조사
지방자치단체의 재난대응 이론에 관한 문헌 조사
선행연구 설문지 자료조사
자료 수집 및 분석
지방자치단체 재난 초동대응 행정 시스템 정립을 위한
연구범위의 설정
문헌조사
• 주요 선진국 사례조사
• 지방자치단체 과거 대응사례
• 지방자치단체 재난대응시스템 분석
설문조사
• 재난대응 시스템에 대한 인식분석
• 재난대응 문제점에 대한 인식
• 재난대응 개선방안에 대한 인식
• 현행 재난대응 시스템의 문제점 도출
• 향후 재난대응 시스템의 방향성 제시
• 재난대응 시스템의 개선방안 제시
결론 도출
한국 지방자치단체의 재난대응 행정시스템 정립

[그림 1-3] 본 연구의 절차

제2장

지방자치단체의 재난대응 이론

1. 지방자치단체 재난관리의 이론적 기초

1) 재난관리의 의의

(1) 재난관리의 개념

재난은 위험과 불확실성을 내재적 속성으로 지니고 있고, 재난관리는 위험과 불확실성을 관리하는 것이다(양기근 외, 2006: 2). 즉, 재난관리는 재난이 발생하지 않도록 예방하고, 재난이 발생할 경우 야기될 수 있는 제반 위험을 효율적으로 관리하는 것을 의미한다(최용호, 2005: 677). 그리고 이러한 재난은 자연재난, 인적 재난, 그리고 사회적 재난을 모두 포함한다.

재난관리는 재난으로 인한 피해를 극소화하기 위해 재난의 예방, 대비, 대응, 복구와 관련하여 행하는 모든 활동을 포함한다. 즉, 재난관리는 시간 국면에 따라 재난발생 이전의 예방, 대비 단계와 재난발생 이후의 대응, 복구 단계로 구성된 과정모형에 입각한다. 따라서 재난관리는 예방, 대비, 대응, 그리고 복구의 네 단계가 중앙정부와 지방정부에 공통적으로 적용되는 과정이다.

재난관리의 네 단계는 기간(period)을 기준으로 구분하고 있는데, 그러한 기간에 따른 구분은 임의적이며 단지 한 기간 동안에 행해지는 활동을 구별할 때에만 유용한 것이다. 왜냐하면 어떤 한 국면의 재난 활동이 갑자기 중지하거나 다른 형태의 활동으로 대체되는 것이 아니라 다른 국면의 재해재난 활동들이 동시에 이루어지는 것이 보편적인 현상이기 때문이다. 즉, 재난활동 국면은 순차적・배타적으로 이루어질 수밖에 없으며, 서로 영향을 주고받는 비선형적 관계를 갖는 것이다(정기성, 2003: 230-231).

한편, 재난관리체제는 재난관리를 담당하는 조직으로 구성된 체제이며, 재난발생이라는 환경에 대비하여 주민의 생명과 재산을 보호할 목적으로 상호 관련된 기관들끼리 협조와 조정을 통하여 문제를 해결하려는 시스템이다(최용호, 2005: 677-678). 이러한 재난관리체제의 목적은 위험으로부터 주민의 생명과 재산을 보호하기 위한 것이다.

(2) 재난관리의 특성

가. 일반적 특성

재난관리의 일반적인 특성은 자연적 요인과 인위적 요인에 의한 재난의 예방적 측면이 강조되고 있다. 즉, 자연재난은 근본적으로 예방할 수 없는 불가항력적인 특징이 강하지만 재해영향평가제, 수문조절 시스템 등에 의한 그 피해 규모를 최소화할 수 있는 여지가 많고, 인적 재난 또한 발생 원인이 '인위적'이라는 점에서 예방이 가능하다는 것이다.

최근 재난관리행정이 가지는 또 하나의 특징은 인적 재난으로 인한 인명 피해가 국소 지역에서 집중적으로 대량의 사상자가 발생된다는 측면에서 재난대응 단계와 현장에서의 희생자 구조와 응급 의학적 관리가 중시되고 있다.

희생자 구조와 응급의학의 접목은 한 국가의 재난대응 서비스의 질을 나타내는 중요한 영역으로 인식된다. 인적 재난은 국소 지역에서 재산피해와 사상자가 집중적으로 발생된다는 특징을 갖는다. 반면, 자연재난은 광범위한 지역에 걸쳐 발생되며, 사상자 발생이 넓은 지역에서 산발적으로 발생된다.

또한, 자연재난은 재산상황이 전개되는 시점에서 대응활동과 재난통제가 극히 제한적으로 진행된다. 반면, 인적 재난은 재난대응 활동과 재난통제의 가능성이 상대적으로 높다. 시간적인 측면에서도 자연재난이 장기간에 걸쳐 완만하게 진행되는 것에 비해 인적 재난은 단기간에 걸쳐 급격하게 완결되는 특징을 가진다.

그러나 산업화와 도시화에 따라 인적 재난 중 방사능 누출사고와 화학공장 사고 등은 광범위한 지역에 걸쳐 장기간 재난현상이 진행되기도 하고, 지진과 같은 자연재난도 단기간에 걸쳐 많은 재산과 인명 피해를 집중적으로 발생시키는 등 각각의 특성을 공유하는 현상을 보인다.

자연재난이든 인적 재난이든 그 원인에 있어 차이점은 있으나 피해측면과 대응 측면에 있어 상당히 복합적이어서 자연재난과 인적 재난을 구분하는 것은 큰 의의가 없다.

특히 재난에 따른 희생자 구조와 재난수습을 위해 참가하는 대응기관들에 있어 대부분의 재난은 유사한 대응자원을 동원하고, 사용하는 지휘체계 모형에 있어서도 별다른 차이점이 없기 때문이다(장석화, 2002: 24-25).

나. 환경적 특성

Comfort(1988, 6-8)는 재난관리행정을 둘러싼 환경을 일반행정과는 달리 불확실성(uncertainty), 상호작용성(interaction), 복잡성(complexity)

이라는 특성을 강조하고 있다. 이러한 세 가지 특성에－인적 재난에서는 재난이 인간의 비의도적 부주의로 인하여 발생하는, 즉 문화적·도덕적 요인들의 일상적 상호작용 속에서 재난의 발생요인들이 배양 또는 누적되어 간다는 배양성, 혹은 누적성을－추가하여 네 가지의 특성으로 관찰할 수 있다.

불확실성(uncertainty)은 재난관리 문제에 내재하는 주된 특성으로 재난이 발생할 때, 그로 인해 일정한 유형의 피해가 초래된다는 사실은 알려져 있지만 실제로 재난이 발생할 확률, 규모 및 시기가 사전에 알려지지 않은 상태를 말한다(최병선, 1994: 29).

이와 같이 재난은 대처하는 데 필요한 대응의 규모, 범위 및 시기를 사전에 알 수 없는 불확실한 재난발생의 환경을 관리해야 하는 특성을 지니고 있다.

상호작용성(interactivity)은 실제로 재난이 발생한 경우, 재난발생 단계에 존재하는 재난발생의 원인이 되는 요소들간의 상호작용과 재난 자체와 피해주민 및 피해 지역의 기반시설 등이 서로 악영향을 미치면서 여러 가지 형태의 재난이나 피해의 확산이 전개될 수 있다는 것을 의미한다.

예를 들어, 태풍이나 지진이 발생할 경우, 이에 대하여 피해주민이 어떻게 반응하는가? 피해 지역의 가스, 전기, 상하수도, 도로, 교량 등 도시 기반시설이 어느 정도 파괴되었는가에 따라 총체적인 피해의 강도와 범위가 달라질 수 있다(김영근, 1999: 62).

복잡성(complexity)은 불확실성과 상호작용의 산물로써 이들 두 요인이 복합적으로 작용하여 재난관리 행정체제가 처리해야 할 업무를 사전에 전부 파악하는 것이 불가능하다는 것이다. 그러나 이러한 상황에서도 재난관리행정은 불확실성 및 상호작용의 정도를 추정하는 기능을 담당해야 한다(남궁근, 1995: 960).

재난은 그것이 발생되는 요인에서부터 발생한 이후의 전개과정과 그 수습 혹은 복구과정의 전체에 있어서 매우 복잡한 것이 또 하나의 특징으로 이러한 복잡성은 재난의 진행과 관련된 요인들이 다른 국면의 요인에 직·간접적으로 영향을 미치므로 전 국면이 상호 배타적이지 않고, 크고 작은 복수의 순환적인 단계를 가짐으로써 발생된다(김태윤, 2000: 15).

누적성(cumulativeness)은 재난이 갑작스럽게 돌발적으로 발생하는 것 같다. 하지만 사실 그것은 가시적인 발생이 이전부터 오랜 동안 누적되어 온 위험요인들이 특정한 시점에서 표출된 결과라고 할 수 있다.

흔히 불가항력적이라고 생각할 수 있는 자연재난들조차도 전혀 예측 불가능한 천재지변을 제외하고는 많은 경우 인적 재난의 성격이 강함을 우리는 과거 재난사례들로부터 알 수 있다.

더욱 중요한 측면은 발생 자체는 불가항력적이라 하더라도 재난의 규모와 강도, 빈도 등은 사회적인 요인들의 직접적인 영향을 받고 있다. 곧 재난의 가능성은 자연환경의 힘이나 기술의 실패에서 기인하는 것만이 아니라 언제, 어떻게 작용할지 모를 인간의 실수에 기인하는 측면이 크다.

예를 들어, 갑작스럽게 발생하는 지진과 같은 경우, 대부분 지진을 대비한 건축이 잘 이루어지지 않았기 때문에 피해가 더 커지곤 한다. 즉, 비가시적으로 누적되고 있는 위험 발생요인들이 관리체계의 구조적인 결함, 조직과 개인의 인식능력의 부족, 문화적인 관행의 잘못됨 등의 요인과 결합하여 재난화되는 것이다(장석화, 2002: 26-27).

(3) 재난관리의 제약요인

정부가 수행하는 재난관리행정의 중요성에도 불구하고, 효율적인 재난관리행정을 제약하는 요인이 존재하는데, 여기에는 재난에서만 볼 수 있는 재난 속성상의 문제와 재정적 · 정치적 제약요인을 들 수 있다.

가. 재난 속성상의 제약요인

각종 재난사고를 반복적으로 경험하면서도 재난관리에 대한 근본적이고 시스템적인 대비책이 마련되지 못한 데는 일반적으로 재난상황이 갖는 본질적 속성으로서 다음의 몇 가지 제약요인을 들 수 있다.

첫째로, 재난상황에서 볼 수 있는 '시간적 제약성'[1]이다. 재난관리는 그 자체가 시간적 · 물적 제한 속에서 이루어지는 일종의 비상관리이다. 다시 말해서, 재난관리에 있어 시간적 제약요인은 재난이 발생한 직후에는 재난관리에 대한 인식과 대비의식이 높다가 시간이 흐름에 따라 그 중요성에 대한 인식이 망각되면서 대비의 미흡으로 재난발생의 악순환이 계속된다.

둘째로, 피해대상의 국지성에서 오는 제약요인이다. 피해대상의 국지성이란 "재난발생으로 인한 피해의 대상이 일부 지역에 국한하게 된다"는 것이다. 피해대상이 국지성을 띠고 있을 때는 재난관리정책에 대한 국가적 · 사회적 합의 요구가 어렵다. 따라서 정책의 우선순위에서도 다른 경쟁관계에 있는 정책에 밀리는 결과를 초래한다. 이러한 피해의 국지성은 재난관리의 중요성에 대한 인식을 약하게 하여 보다 근본적이고 종합적인 사전대비 전략의 수립을 어렵게 한다.

셋째, 재난발생 예측의 불확실성에서 오는 제약요인이다. 재난은 언제, 어디서, 어떻게 발생할 것인가를 정확하게 예측하기 어렵다. 그러므로 이와 같은 재난예측의 불확실성은 재난 자체에 대한 방재의식을 약화시키는 결과가 되어 재난관리를 어렵게 하는 요인으로 작용한다(Clary, 1985: 20-24).

---

1) 이와 같은 시간적 제약성은 재난의 위험은 항상 존재하지만 그 존재 양식이 가시적이지 않고, 잠재적이며 돌발적이라는 특성에서 연유한다.

나. 재정적 제약요인

재난관리의 재정적 제약요인이란 재난관리에 필요한 재정적 부담능력의 한계에서 오는 제약요인이다. 국가의 재난관리에는 막대한 재원이 필요한데, 상대적으로 재정이 열악한 지방자치단체 부문에서는 이를 충당할 만한 예산의 확보가 다른 업무에 비해서 어렵다. 또한, 경제적 효용성의 문제에 있어서도 비용과 편익을 측정하여 효율성을 측정하기 어렵다. 재난관리에 투자되는 각종 경비는 짧은 시간에 그 효과가 나타나는 것이 아니고, 장기적인 계획에 맞추어 설계하고 건설하는 경우가 많아서 그 경제성에 대한 찬반논쟁이 있게 된다. 많은 경우 정책의 우선순위에서 밀려 나게 되는데, 이러한 요인은 곧 재난관리를 제약하는 요인으로 작용한다.

다. 정치적 제약요인

재난관리가 효과적으로 이루어지기 위해서는 재난관리에 정책의 우선순위가 주어져야 하고, 이를 위해서는 정치적인 지원이 절대적으로 필요하다. 재난은 앞서 지적한 그 속성상의 이유로 지역주민의 합일된 강한 요구와 옹호가 미약하여 정치적으로 재난관리를 효과적으로 수행할 수 있는 법적·제도적 장치가 미비하였다(박동균, 2004: 187).

2) 지방자치단체의 재난관리 역할 및 중요성

(1) 지방자치단체의 재난관리 중요성

본격적인 지방자치 시대에는 지방자치단체 영역에서 재난관리가 중요하게 등장하게 되는데, 재난관리가 중앙정부가 아닌 지방자치단체 차원에서 더욱 중요한 이유는 크게 다음과 같은 두 가지를 들 수 있다(최용호, 2005: 678-679).

첫째, 지방자치단체는 행정조직의 최일선에서 실질적으로 시민들의 재산과 인명을 보호해야 하며, 재난발생의 현장에서 가장 근접의 위치에 있기 때문이다. 즉, 지방자치단체는 재난에 있어서 재난관리의 실질적인 운영을 관리하는 일선책임기관이다. 따라서 효과적인 재난관리에 대한 책임은 대부분이 중앙정부보다는 지방자치단체에게 주어진다.

둘째, 지방자치단체가 재난관리체제를 보다 능동적이고 적극적으로 실현하여야 하는 이유는 재난이 발생하면 지방자치단체가 지원하여야 할 비용이 더욱 증가하기 때문이다. 재난은 피해 지역에 엄청난 경제적 충격을 가져온다. 지방자치단체의 재정은 법정 채무의 증가, 보험금의 요구 등이 급속히 증가함에 따라 고갈될 것이며, 궁극적으로는 예기치 못한 경제적 재난상황으로 전개될 수도 있다.

특히 기초지방자치단체의 경우는 재난발생시 재난현장의 최일선에서 가장 먼저 주민들을 대피시키고, 재난을 수습하는 기능과 역할을 수행하므로 재난관리에 있어서 보다 중요한 위치에 있다.

그러나 지방자치단체는 중앙정부에 비해 재난관리 전담조직이 상대적으로 미약하며, 중앙정부의 지침을 수행하는 소극적인 입장에서 업무를 수행한다(양기근 외, 2006: 11). 그리고 지방자치의 본격화와 더불어 지방자치단체는 재난관리정책에 대하여 생활현장에서 주민의 생명과 안전을 보호해야 할 일차적 책임을 지니고 있음에도 불구하고, 재난발생시마다 체계적인 대응과 장기적 사후복구로 재발방지에 힘쓰기 보다는 일회적인 복구지원이나 사고책임자 처벌 정도로 위기를 모면하는 미숙한 대응 행태를 보이고 있어 이것이 우리나라 재난관리의 문제점으로 지적되고 있다(최용호, 2005: 676; 이재은 · 양기근, 2004).

지방자치 시대에서 자치권은 해당 지방자치단체의 장에게 있기 때문에 재난관리를 위한 권한과 책임 또한 지방자치단체에 있다. 따라서 지역주민의 직접선거에 의해서 지방자치단체의 수장인 지방자치단체장이 선출되고, 선출된 지방자치단체장에게 지방행정 전반에 대한 책임이 부여되고 있다. 이러한 책임과 권한은 중앙정부의 권한이 지방자치단체로 이양될수록 책임도 함께 이양되는 것이므로 재난관리에 대한 책임 역시 지방자치단체가 책임을 지고, 재난관리행정을 수행하여야 한다(권건주, 2005: 82).

재난및안전관리기본법 제4조에서는 국가 및 지방자치단체는 재난으로부터 국민의 생명, 신체 및 재난을 보호할 책무를 지고, 재난의 예방과 피해 경감을 위하여 노력하여야 하며, 발생한 재난을 신속하게 대응, 복구하기 위한 계획을 수립·시행해야 한다고 규정하고 있다.

또한, 자연재해대책법 제3조 제1항에서는 국가는 기본법 및 이 법의 목적에 따라 자연현상으로 인한 재난으로부터 국민의 생명, 재산과 주요 기간시설을 보호하기 위하여 자연재해의 예방 및 대비에 관한 종합계획을 수립하여 이를 시행할 책무를 지며, 그 시행을 위한 최대한의 재정적·기술적 지원을 해야 한다고 규정하고 있다. 이와 같이 지방자치단체는 인적 재난뿐만 아니라 자연재난, 국가기반재난 등 모든 유형의 재난을 관리하는 주체로서 중앙정부와 함께 재난관리 책임기관으로 지정되어 있다(재난및안전관리기본법 3조).

(2) 재난관리에 있어서 지방자치단체의 역할

지역주민들은 재난발생시에 가장 먼저 자신들이 거주하고 있는 지방자치단체가 자체적으로 수립된 지역안전관리계획에 의해 적절한 조치를 취해 줄 것을 기대하고 있다. 또한 재난단계별로 대응조치들이 유관기관간 유기적인 협력관계를 유지하면서 총체적으로 재난에 대처하여 지역주민들의 피해가 최소화되기를 기대한다.

지방자치단체들은 지역주민들의 기대에 부흥하고, 재난의 효율적인 관리를 위하여 중앙정부와 기타 유관기관과 다른 역할을 수행하게 되는

데, 그 역할을 살펴보면 다음과 같다(권건주, 2005: 82).

첫째, 지방자치단체는 재난활동의 전 과정에서 주체적이고, 주도적인 역할을 수행한다. 중앙정부는 재난발생 이후에 대응과 복구활동 등에 필요한 막대한 재원을 보유하고 있기 때문에 재난관리행정에 있어서는 직접적인 활동주체로서 뿐만 아니라 지원기관으로서의 역할을 수행한다. 하지만 지방자치단체는 재난의 발생을 억제하거나 예방을 수행하는 재난의 예방기능, 재난발생시를 대비하여 지역안전관리계획을 수립하거나 재난정보 시스템을 구축·운영하는 등 대비기능을 수행한다. 나아가 재난발생시 피해를 최소화하기 위하여 각종 물적·인적 자원을 동원하여 재난을 수습하는 대응 기능, 마지막으로 재난피해 지역에 대하여 정상적인 생활을 할 수 있도록 하는 복구 기능 등 재난관리 전반에 대하여 재난관리 주체로서의 역할을 수행한다.

둘째, 지방자치단체는 재난관리에 있어서 조정(coordination)의 역할을 수행한다. 재난관리행정에 있어서 일련의 과정인 예방, 대비, 대응, 복구과정을 수행할 때는 여러 재난관련 기관, 단체가 참여하게 된다. 이때 지방자치단체는 각급 재난관리 책임기관, 긴급구조기관, 긴급구조지원기관, 자원봉사자 등의 다양한 의견을 들어 가장 합리적인 재난관리 대안을 선택하여 이행될 수 있도록 유관기관간의 조정 역할을 수행하게 된다.

3) 재난관리의 과정과 초동대응의 기능

(1) 재난관리의 과정

재난관리의 궁극적인 목표는 재난을 철저히 예방하고, 재난관리 능력 및 시스템을 갖추어서 재난이 발생하면 즉각적인 대응활동을 전개하여 인적·물적 피해를 최소화하고, 신속한 복구활동을 통하여 재난 지역

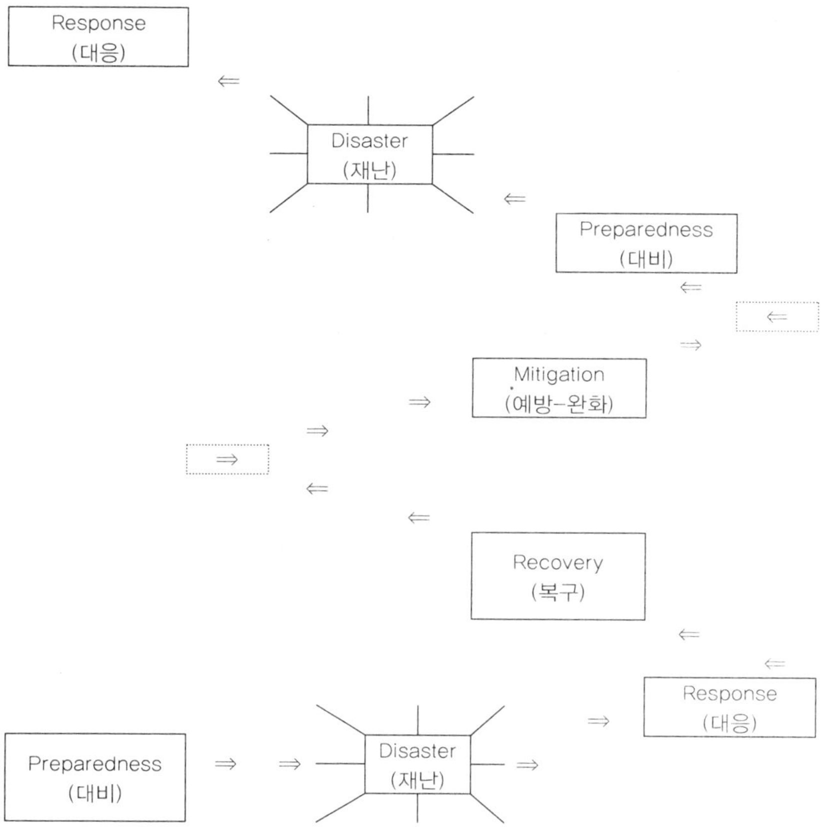

자료: T. E. Drabek, *Emergency Management: Principles and Practice for Local Government*, ICMA, 1991, p. 135.

[그림 2-1] 재난관리의 이론적 과정

내에서 최소한의 생활편의 기능을 제공하면서 본래의 일상적인 생활로 복귀시킨다(Godschalk, 1991: 134).

국가 재난관리의 이론적 과정은 재난발생의 시간대에 따라서 네 단계로 나눌 수 있다. 즉, 재난의 발생을 중심으로 재난발생 이전 국면과 재난발생 이후 국면으로 나누고, 재난발생 이전 국면은 예방과 완화(prevention and mitigation)와 대비(preparedness)단계로, 재난발생 이후 국면은 대응(response)과 복구(recovery)단계로 분류한다. 이 과정들은 서로 독립적이라기 보다는 상호 유기적이며, 순환적인 관계를 갖고 있다[2](McLoughlin, 1985: 166).

이러한 재난관리의 네 단계에서 제시된 전략은 기본적으로 시간대별 재난의 진행상황에 맞춘 관리전략을 제시할 뿐만 아니라 재난관리 전략의 기본전제에 대한 논의도 담고 있다.

가. 재난발생 이전단계

① 재난예방과 완화단계

재난관리에 있어서 완화단계의 활동은 미래에 발생할 가능성이 있는 재난을 사전에 예방하고, 재난발생 가능성을 감소시키며, 발생 가능한 재난의 피해를 최소화시키기 위한 활동을 말한다.

사회와 그 구성원의 건강, 안전, 복지 등에 대한 위험이 있는지를 판단하고, 위험요인을 제거하거나 감소시켜서 재난발생의 가능성을 낮추는 활동을 수행하는 단계로서 장기적인 관점에서 장래의 모든 재난에 대비하고자 하는 것으로서 정치적・정책지향적 기술이 필요하다는 점이 재난관리행정에 있어서 다른 관리과정들과 구분될 수 있다.

다시 말해서, 재난예방과 완화는 대체로 장기적인 관점에서 사회가 직면하게 될 장래의 위기를 극복할 수 있는 능력을 증진시키는 데 중점을 두며, 재난의 종류에 따라 예방과 완화의 목표가 변화될 수 있다(Godschalk & Brower, 1985: 64-66). 즉, 잠재적 위험성을 지닌 물질이나 방사능의 누출현상을 포함하는 인위적 재난의 경우에는 발생기회를 감소시키거나 원인을 제거하는 조치에 중점을 둔다. 반면, 지진이나 태

2) 따라서 이러한 네 가지 과정의 통합뿐만 아니라 재난관리의 총체성으로 인해 여기에 참여하는 각종 기관, 각 수준의 정부의 조정과 통제 등 필요한 활동체제를 갖추는 노력 또한 재난관리에 필수적인 요소이다(Petak, 1985: 3).

풍과 같은 자연재난의 경우에는 대비나 구조활동 등을 통해 노출 지역에서의 재난을 감소시키는 데 중점을 둔다. 이러한 완화단계는 복구단계에서 개발된 정책이나 사업계획들에 의해 개선(Rubin & Barbee, 1985: 57-63)될 수 있으며, 따라서 대비, 대응, 복구단계와 직·간접적인 관련성이 있다.

완화단계에서 사용되는 기법으로는 재난관리 계획, 개발규제[3](development regulation), 조세제도, 자금지출계획, 보험, 그리고 재난정보체계 등이 있으며, 이들 접근법들을 활용하는 과정에서의 기술적·정치적 과정 모두를 포함한다.

이러한 재난의 완화 및 예방활동은 재난을 제거하거나 재난의 강도나 발생빈도를 줄일 수 있고, 지역주민들의 재난에 대응하는 방법이나 체제에 변화를 주게 되며, 주민들의 생활 방식이나 그들이 만들어낸 여러 유형의 시스템을 변경시킬 수도 있다.

② 재난대비 단계

재난에 대한 대비단계는 예방 및 완화 단계의 제반 활동에도 불구하고, 재난발생 확률이 높아진 경우, 재난발생 후에 효율적으로 대응할 수 있도록 사전에 대응활동을 위한 재난대응계획을 작성하거나 메커니즘을 구성하는 등 운영적인 준비 장치들을 적정한 수준으로 유지하거나 준비하는 과정이다.

다시 말해서, 재난대비 단계는 각종 재난에 대비하여 필요한 비상계획을 수립하고, 훈련을 통해 재난대응 조직의 운영능력을 개발시키려는 단계이다(McLoughlin, 1985: 166).

---

3) 규제기준으로는 특정 지역을 지정하여 정부의 공권력을 기반으로 하여 공공의 건강과 안전을 확보하고, 건물 밀집 지역으로 개발되는 유휴지의 보존을 위한 세부규제, 인명과 재산을 보호하기 위한 건축자재, 설계, 절차 등의 표준을 정한 건축기준, 공공건강기준으로 상하수도 설비 및 폐기된 위험물의 처리설비에 대한 설계 및 운영에 관한 기준 등을 포함하게 된다.

비상계획에는 재난발생의 피해를 최소화하기 위한 조기경보 체제의 구축과 효과적인 비상대응 활동의 확립이 포함된다(Clary, 1985: 20). 또한, 재난발생시 투입될 자원과 관련하여 신속하게 자원이 배분될 수 있도록 자원배분의 우선순위가 이 단계에서 설정되어야 하며, 재난발생시 정상적으로 사용할 수 있는 자원 이외에 예측하지 못한 재난에 대해서도 자원이 투입될 수 있는 특별자원의 확보방안도 마련되어야 한다(Zimmerman, 1985: 35-36). 재난발생시 대응단계에서 일어날 수 있는 조직간, 지역간의 갈등을 조정하는 문제도 이 단계에서 주의 깊게 다루어져야 한다. 특히 응급의료 체계에 있어 병원들과 재난관리기관들과의 긴밀한 협조는 재난의 인명피해를 줄이는 데에 중요한 문제이다(Tierney, 1985: 77-78). 따라서 재난관리가 정상상태로의 신속한 복귀를 목표로 한다면 지속적·연속적 과정으로서의 대비과정은 대응과정과 연계되어야만 하며, 과학적 지식과 계획에 의해 합리적으로 이루어져야 한다(Kreps, 1991: 33-36).

나. 재난발생 이후단계

① 재난대응 단계(emergency response phase)

재난대응 단계의 활동은 재난이 발생되고 있는 상황이나 발생된 이후 즉각적으로 인명을 보호 또는 구출하고, 재산피해를 최소화하며 복구를 순조롭게 하기 위하여 전개되는 활동들이다.

일단 재난이 발생하면 일련의 대응조치를 통해 재난의 심각성을 줄여가고 확산을 방지하기 위한 활동이 전개된다. 인명을 구조하고 재산피해를 최소화하며, 재난복구가 순조롭게 될 수 있도록 한다(Petak, 1985: 3-6). 이 단계에서는 이전에 수립했던 비상계획이 실행되며, 응급의료체계가 가동되고, 재난대책본부와 같은 비상기구가 작동된다. 구체적인 비상대응 활동으로는 재난발생 현장에서의 수색과 구조, 피해 지역의 안전 확보, 필요한 경우 응급의료, 구호품의 보급, 비상 대피소의 설치 등을 들 수 있다.

이외에 재난상황에 대해 보다 효과적으로 대응하기 위해서는 재난준비 과정에서 집중화되고 공식적인 의사결정보다는 유연한 결정구조(flexible decision making structures)를 유지하는 것이 바람직하며, 조직 구성원들의 재난관리 역할을 구체화시키는 것이 필요하다(Mileti & Sorensen, 1987: 13-21). 이와 같이 대응은 완화나 준비와 독립되어 있는 것이 아니라 상호 밀접하게 연계되어 있다. 그러므로 재난에 대한 대응은 인위재난, 대규모 자연재난을 막론하고, 대응단계에서 전체적 차원에서 재난을 파악·대응하기 위한 통합 재난관리체제의 확립이 필요하다(Drabek, 1985: 85-92).

재난 대응단계에서는 여러 기관들이 활동하기 때문에 원활하게 관리되지 못할 경우 재난대응 과정에서 조직이기적인 행동, 표준작전 절차의 결여, 참여단위 조직의 다양성에 의한 비협력, 전체 대응조직의 분열 등과 같은 여러 가지 비효율의 문제를 야기하게 된다.

재난대응 과정은 정책의 집행단계를 대표하기 때문에 재난의 대비단계와 밀접한 관련이 있으며, 재난관리의 전 과정 중에서 시간적으로 가장 짧지만 활동을 위해서 오랜 시간 동안에 완화와 대비의 노력을 기울인 것이므로 가장 중요한 재난관리의 단계이다(Lewis, 1988: 171; 장석화, 2002: 23).

② 재난복구 단계(recovery phase)

재난상황이 안정되고 긴급한 인명구조와 재산보호가 수행되고 난 이후에는 재난발생 지역이 재난발생 이전의 정상적인 상태로 회복시키는데 초점을 맞추어야 한다.

재난의 복구단계는 단기적인 복구와 단기적인 복구를 통하여 피해지역을 재난발생 이전의 상태로 회복시키는 활동을 포함한다.

먼저 단기적으로는 이재민들이 최소한의 생활을 영위해 나갈 수 있도록 중점을 두어야 하며, 장기적으로는 재개발계획과 도시계획 등의 과정을 거쳐 원상으로 회복시켜야 한다. 이러한 계획들은 미래에 닥쳐올 재난발생 피해의 영향을 줄이거나 재발을 방지할 수 있는 좋은 기회가 되며, 재난관리의 첫 단계인 예방과 완화단계에 순환적으로 연결된다(McLoughlin, 1985: 169-170).

단기적인 복구활동으로는 우선 단기복구계획의 수립, 주요 피해상황의 조사 및 평가, 잔해물의 제거, 임시수용 시설의 마련, 작업 등에 의한 스트레스 관리를 위한 상담조사 프로그램의 시행 등이 주요 활동으로 전개된다.

장기적인 복구활동으로는 장기복구계획의 수립, 재정지원의 확보, 생활편의 시설의 재건, 지역사회 사업 분야의 재건, 재난관리 법령의 정비, 지역사회의 경제재건 및 활성화 프로그램의 개발・시행, 재난대응 능력의 보강 등을 하게 된다.

이상에서 살펴본 바와 같이 완화와 대비활동은 일반적으로 재난발생 이전에 기능하는 것이며, 대응과 복구활동은 재난발생 이후의 조치로 볼 수 있다. 이들 단계 중 재난발생 자체를 억제하거나 예방, 준비하는 완화・대비 과정이 중시되어야 함에도 불구하고, 현실적으로는 정치적 성격에 의해 재난관리에 소요되는 대부분의 자금과 각종 자원들이 복구과정에 집중되어 있다(Perry, 1985: 72-76). 따라서 재난관리의 각 과정에 대해 균형 있게 자원을 배분해 주는 노력이 필요하다.

(2) 초동대응의 개념과 기능

가. 초동대응의 개념

앞서 살펴본 바와 같이 본 연구에서 집중적으로 분석하고자 하는 초동대응 과정은 실제로 재난이 발생한 경우 재난관리 기관들이 수행해야 할 각종 임무 및 기능을 적용하는 활동과정이다. 이와 같은 초동대응 과정은 완화단계, 대비단계와 상호 연계함으로써 제2의 손실이 발생할 가능성을 감소시키고, 복구과정에서 발생할 수 있는 문제점들을 최소화하는 재난관리의 실제 활동 국면을 의미한다(Drabek, 1985: 85).

이러한 초동대응에 대하여는 다음과 같이 학자들마다 정의하고 있다. 먼저 Petak(1985: 3)은 초동대응을 "제2의 손실발생 가능성을 감소시킴으로써 복구단계에서 발생가능한 문제들을 최소화하는 재난관리의 실제 국면"으로 정의하고 있다.

또한, 이재은(1998: 232)은 "재난발생시 재난관리 기관이 수행해야 할 각종 임무 및 기능을 실제로 적용하는 과정"이라고 설명한다.

황윤원(1989: 156)은 "돌발사고의 발생 직전, 중, 후에 취하는 활동을 포함하는 국면으로서, 인명구조, 재산피해의 최소화 또는 복구를 촉진시킬 수 있는 제반 행정 활동들을 갖게 된다. 그 예로서는 긴급대피계획의 실천, 공중에의 긴급한 명령 및 지시, 구급의료시설, 피해자 보호, 피난처에의 실천, 공중에의 긴급한 명령 및 지시, 구급의료시설, 피해자 보호, 피난처 제공, 대피 · 구조 및 탐색 등"으로 설명하고 있다.

정윤수(1994: 70)는 "초동대응은 이전에 세워 놓았던 비상계획이 실행되며, 응급의료체계가 가동되고, 재해대책본부와 같은 비상기구가 작동된다. 구체적인 비상대응 활동으로는 재해현장에서의 수색과 구조, 피해 지역의 안전 확보, 필요한 경우 주민의 소개, 응급의료, 구호품의 보고, 비상대피소의 설치 등"을 들고 있다(류상일, 2007: 19).

이와 같이 초기대응 과정은 불확실성, 긴급성, 집중성, 비상심리, 주민 역할 변화, 계약과 일반적인 관계의 약화를 특징으로 한다(Perry, 1991: 201).

여기서 불확실성은 재난의 강도와 종류, 결과 등에 따른 불확실성도 있지만 새로운 대응조직을 구성하고 활동해야 하는데서 오는 불확실성은 궁극적으로 대응의 긴급성에서 기인한다.

집중성은 대응 및 지원활동이 현장에 검증되는 현상을 말하고, 비상심리는 재난발생시 인명과 재산보호라는 공감대가 쉽게 형성되어 신속하게 의사결정되는 것을 말한다.

또한, 주민 역할의 변화는 주민을 결속시켜 재난대응을 원조하며, 정부에 평상시보다 강력한 조치와 리더십을 요구하게 한다. 또한 비상조치를 통해 조직의 행위와 재산에 강제력을 발동하는 등 평시의 계약과 일반적인 관계가 크게 약화된다(Wolensky and Miller, 1981: 493-503: 류상일, 2007: 20).

특히 초기대응 과정은 즉응적인 적실성(relevancy)이 가장 강조되는 과정이며, 지금까지 준비한 대책들이 가동되고, 계획의 합리성과 훈련의 실효성이 검증된다.

일단 재난이 발생하면 일련의 대응조치를 통해 재난의 심각성을 줄여가고 확산을 방지하기 위한 활동이 전개된다. 인명을 구조하고 재산피해를 최소화하며, 재난의 확산을 방지하고 재난복구가 순조롭게 이루어질 수 있도록 활동하는 단계이다. 이 단계에서는 이전에 세워 놓았던 비상계획이 실행되며, 응급의료체계가 가동되고, 재난대책본부와 같은 비상기구가 작동된다. 초동대응 활동에는 여러 기관이 참여하게 되므로 재난대비 단계에서 마련된 관련기관들간의 체계적인 협조망의 순조로운 작동이 긴급대응 활동의 효과를 좌우하게 된다(정기성, 2003: 229).

그리고 대응과정은 정책의 집행단계를 대표하기 때문에 대비과정과 밀접한 관계에 있으며, 재난관리의 전 과정 중에서 시간적으로는 가장 짧지만, 이 활동을 위해서 오랜 시간 동안에 예방 및 완화와 대비의 노력을 기울인 것이므로 가장 중요한 과정이라고 할 수 있다(박동균, 1995: 35-36).

한편 대비과정은 비상시에 필요한 또는 그에 대비하는 운용계획을 작성하거나 재난사태 발생에 대한 대응능력을 유지시키는 과정이다. 따라서 후속되는 초동대응 단계의 활동에 직접적인 영향을 미친다(정기성, 2003: 228-229).

나. 초동대응의 기능

재난에 대한 초동대응의 기능으로 이재은(1998: 232-236)은 경보 기능, 소개 기능, 응급의료 서비스 기능, 탐색·구조 기능, 질서유지 기능, 긴급피해 복구 기능 등의 여섯 가지로 설명하고 있다.

첫째, 경보(warning) 기능은 위험에 처한 지역주민들에게 발하는 의사소통으로서 Mileti and Sorenson(1987: 17)은 발생 가능한 재난을 탐지하는 재난환경에 대한 관찰단계(monitering), 관찰에 의해 위협요인이 탐지된 경우 관련 기관에 위험 정보를 전달하는 위험통고 단계(notification), 위협에 대한 평가와 강도 높은 감청활동, 그리고 평가결과와 위협의 심각성을 잠재적 대응조직들과 공공정책 결정자들에게 전달하고 사전절차를 규정하는 위협평가(threat assessment) 단계, 마지막으로 피해 가능성이 있는 모든 사람들에게 실제로 경보가 행해지는 시민들에 대한 경보단계로 구분하고 있다.

둘째, 소개(evacuation) 기능은 시민들을 위험 지역으로부터 안전 지역으로 이동시키는 것으로서 적절하게 집행된 소개는 초기 인명 손실을 감소시킨다. 특히 경찰 등 법집행기관의 주도적 역할 하에 그 절차와 장소가 규정되어 있을 경우, 소개의 효과성과 주민들의 순응성 확보가 가능하다.

셋째, 응급의료서비스(emergency medical service) 기능에서는 부상자 명단 작성 및 부상 정도 파악, 진료기관 확정 및 이송, 사망자 신원 파악과 안치장소 결정, 자원봉사자 조직체계 구축 및 보유기능 확인, 역할분담, 신원 파악, 희생자 가족 대기·보호 장소, 편의시설 구축 등이 이루어진다.

넷째, 탐색·구조(Search and Rescue: SAR) 기능은 구조작업이 진행될 수 있도록 재난관리 기관간 의사소통 체제를 확립하고, 대응장비를 준비하며, 구조에 필요한 무선통신망 등과 같은 대응 프로그램 마련 들이 이루어진다(류상일, 2007: 27).

다섯째, 질서유지 기능을 살펴보면, Quarantelli and Dynes(1970: 168)와 Perry(1985: 54)는 재난발생 초기에 재난관리 기관이 재난 지역을 장악하고, 통제체제를 갖추는 기능이라고 설명하고 있으며, 특히 인적 재난발생과 같은 경우에는 범죄자들이 구조대원, 자원봉사자를 사칭하여 재난피해 지역의 상점이나 주택에 침입하여 절도를 하는 사례가 많다고 한다.

여섯째, 긴급피해 복구 기능은 긴급수송, 탐색·구조 등의 대응 기능을 위해서 피해시설에 대한 긴급피해 복구활동을 펼치는 것을 의미한다. 일반적으로 재난영향 지역복구는 재난대응이 종료된 이후 행해지는 기능으로 간주되는 경향이 있다. 그러나 재난발생 직후 대응 기능의 수행과정에서 피해시설 및 지역에 대한 긴급복구가 없을 경우에는 오히려 대응이 지연됨으로써 심각한 결과가 초래되기 때문이다(이재은, 1998: 233-236).

이러한 재난대응 기능을 요약하여 제시하면 다음과 같다.

첫째, 이론적으로는 재난발생 자체를 억제하는 것이 가장 바람직한 것임에도 불구하고, 현실적으로는 재난이 항시적으로 발생하고 예측이 어렵기 때문에 재난관리 체제 중 특히 대응단계에서는 신속하고 적절한 기능의 확보가 요구된다.

둘째, 앞서 살펴본 여섯 가지 기능들은 재난발생시 인적 · 물적 피해들을 포함하는 재난피해의 최소화와 이미 발생한 재난으로부터 제2의 손실 발생가능성 차단이라는 두 가지 목적을 달성하기 위한 기능으로 인식된다.

셋째, 각 기능 수행을 위한 사전 준비 및 기능수행 실패에 대한 책임성 확보를 위한 법령과 함께 실질적인 기능 수행을 위한 조직구조 수립이 요구된다(이재은, 1998: 232-236; 류상일, 2007: 27).

2. 지방자치단체 재난관리에 관한 선행연구들

최근 급격한 기후변화와 사회 발전 등의 영향으로 재난양상이 다양화, 대형화되는 추세에 있고, 쓰나미, 9 · 11사태 등 새로운 유형의 재난관리 수요가 급증하고 있어 재난대응체제의 구축 및 확립이 필요하다.

우리나라 역시 여객기 추락사고, 성수대교 붕괴, 삼풍백화점 붕괴사고, 화성군 씨랜드 화재사고, 태풍 매미와 루사, 대구 지하철 참사 등 대형 참사는 아직도 계속 이어지고 있다. 이처럼 대형 재난사고가 빈번하게 발생하면서 학계에서도 재난의 원인규명과 그 해결방안에 대한 논의가 다양하게 전개되고 있다. 재난관리체제에 대한 선행연구를 살펴보면 다음과 같다.

재난관리에 관한 2000년 이전의 연구 경향들을 살펴보면, 크게 제도 · 정책적 측면의 연구, 조직 · 관리적 측면에서의 연구, 사회 · 문화적 측면에서의 연구 등의 세 가지로 대별할 수 있다. 첫째, 제도 · 정책적 측면에서 재난발생 원인을 분석한 연구로서, 남궁근(1995)은 신제도주의적 관점[4]에서 재해관리를 담당하는 행정체제의 기능적 성과의 차이를 초래하는 중요한 변수를 제도적 틀이라고 가정하고, 미국과 한국의 사례를 중심으로 다정부-다분야 조직들의 네트워크인 재해관리체제에서 주도기관의 성격과 역할, 참여기관들의 연계관계 등 제도적 특징과 예방 및 완화단계, 준비 및 대응단계, 복구단계 등 재해관리의 과정을 분석한다. 둘째, 조직·관리적 측면에서의 연구(박용수 1998, 권오한·남상화·이춘하 2001, 이재은 2000, 김영수 1998)로서, 이들 연구들은 주로 재난발생의 원인을 재난발생시 실질적인 역할을 하는 재난관리조직에 초점을 둔다. 박용수(1998:361-384)의 경우 재난 관리시스템의 운영체계, 재난 관리조직, 재난관리 방식을 분석대상으로 삼고 있으며, 김영수(1998: 59-78)는 재난관리과정과 전략 등을 분석대상으로 한다. 셋째, 사회·문화적 측면에서의 연구로서, 이러한 연구는 위험관리가 단순히 과학기술적, 공학적 차원뿐만 아니라 사회문화적 차원에서 고려되어야 한다. 즉, 일반국민의 위험 정도에 대한 인지, 위험문제를 바라보는 가치관, 위험문제 통제에 대한 제도 등은 각 국가에 고유한 역사적, 사회문화적 특성에 의하여 영향을 받는다. 김영평 외(1995: 935-954)는 위험관리가 과학기술적, 공학적 차원뿐만 아니라 사회문화적 차원에서 고려되어야 하고, 위험의 내재적 특성과 사회문화적 배경변수가 위험인지에 영향을 미치는 요인이므로 이를 고려해서 위험관리정책이 설계되어야 한다고 주장한다(전영평·조광현, 2003: 2).

2000년 이후 최근의 재난관리에 관한 선행연구를 살펴보면 다음과 같다.

먼저 강용석(2007)은 지방자치단체의 재난관리체계 현황과 문제점을 파악하고, 설문조사 결과를 토대로 지방자치단체 재난관리의 영향요인

4) 신제도론에서는 조직 및 이들간의 역동적인 연결 관계를 제도적 특성으로 파악하고, 이러한 제도적 틀의 구조가 정책성과를 결정하는 데 큰 영향을 미친다고 본다(남궁근, 1995:961).

을 분석하였다. 이 연구에서는 재난관리의 효과성 제고를 위해 광역과 기초자치단체로 구분하여, 재난에 대한 관심도, 규모도, 만족도, 협력도, 전문성 등을 변수로 설정하였다. 2개의 광역자치단체와 6개의 기초자치단체를 표본으로 선정하여 이들 기관의 재난관련 공무원을 대상으로 설문조사를 실시한 결과, 관심도와 규모도 부문의 경우 경남 지역이 부산보다 부정적이었다. 반면, 만족도와 협력도, 전문성에서는 경남이 부산보다 긍정적인 것으로 분석되었다. 그리고 조사대상 지역의 관련 공무원들은 전반적으로 재난관리 예산이 부족한 것으로 인식하고 있다.

양기근 외(2006)의 연구에서는 지방자치단체 특히, 광역자치단체의 통합재난관리 조직설계 방안을 제시하였다. 지방자치단체의 효과적인 재난관리조직의 구성요인으로서 통합성, 학습성, 협력성, 유기성, 현장 대응성 등을 들고 있으며, 특히 통합성에 초점을 맞추고 있다. 즉, 지방정부 재난관리 조직의 통합을 통해 궁극적으로 재난관리 조직의 학습성, 협력성, 유기성, 현장 대응성을 높이고자 하였다. 다시 말해서 지방정부의 통합재난관리 설계시 고려되어야 할 요인으로 1차적으로 통합성을 들고 있으며, 2차적 요인으로 학습성, 협력성, 그리고 현장 대응성을 제시하였다.

그리고 지방정부 재난관리조직체계의 문제점으로는 첫째, 중앙과 지방의 연계체제 미흡, 둘째, 재난관련 업무의 분산 및 중첩, 셋째, 재난대응 자원의 중복투자로 인한 비효율성, 넷째, 현장지휘 통제의 혼선, 다섯째, 전문성 결여-방재직렬 신설 필요성을 들고 있다. 또한 지방정부 재난관리조직의 개선방안으로는 재난에 대한 통합관리를 주장하고 있다. 특히 현재 유사업무이면서 분리되어 있는 기능인 소방, 민방위, 방재, 안전관리 등을 통합하여 재난관리조직의 역량을 제고시킬 필요성을 제기하였다. 구체적으로는 첫째, 소방, 안전관리, 방재, 민방위 조직의 통합, 둘째, 소방방재본부 구성원들의 직렬을 재난관리 직렬로 통합, 셋째, 민방위 기능 및 조직을 재난관리 기능과 조직으로 통합, 넷째, 민간과의 협력체계 설계, 다섯째, 상황실의 통합을 제시하였다.

최용호(2005)는 인적 재난관리에 대한 지방정부의 사전대비 재난관리 체제 효율성의 수준을 분석하였다. 지방정부의 재난관리체제 효율성에 대한 영향요인을 설정함에 있어서 환경요인, 조직 내적요인을 선정하고, 이러한 구조적인 관계를 고려하여 지방정부 차원에서 재난관리체제의 효율성에 대해 종합적으로 접근하였다. 그리고 환경요인은 재난관리체계의 외부기관, 즉 중앙정부, 지방의회, 지역주민 등을 의미하며, 또한 내적 요인은 최고관리층의 리더십, 재난관리 담당공무원의 전문성, 재난대비 체제수준, 재난관리체제간의 협력으로 구성하였다. 이재은(2000)은 재난관리 집행구조 이론에 근거하여 중앙정부 수준의 집행구조와 지방정부 수준의 집행구조의 문제점을 분석하여 재난관리 정책 집행의 복잡·다양한 환경을 고려할 때 다조직적 관계에 의한 위기관리 정책 집행을 주장하였다.

이강호(2005)는 광역지방자치단체의 통합재난관리 조직의 필요성을 주장하고 있다. 즉, 최근의 재난관련 조직의 개편은 소방방재청 발족을 중심으로 하는 중앙정부 차원에서 이루어진 것으로 지방자치단체, 특히 시·도는 일부를 제외하고는 분산되어 운영됨으로써 많은 문제점을 노출하고 있다고 하였다. 또한, 우리나라 지방자치단체의 재난관리 체제상의 문제점은 소방, 민방위, 방재, 안전관리가 소방본부, 건설교통국 등으로 분산되어 유형별로 재난관리 조직이 있고, 중앙과 지방 또는 지방조직 상호간에도 재난관련 조직이 불일치하여 업무협조가 원만하지 못하며, 재난관련 조직이 대부분 일반행정직 공무원으로 구성되어 있어 잦은 인사이동으로 전문성이 떨어진다는 것이다. 또한 비현장 중심의 형식적 안전관리가 수행되고 있을 뿐만 아니라, 긴급대응체계에 있어서도 상황실 운영은 119 소방상황실, 재난상황실, 방재상황실로 나뉘어져 있어 상황이 발생할 때마다 기관·부서간에 혼선을 초래하고 있으며, 동일 사안에 대하여도 중첩 보고가 이루어지고 있는 등 상황관리체제의 다원화와 심의·수습 및 긴급구조, 사후복구에 이르기까지 재난유형별 조직이 복잡하고 유관기관과의 협조체계가 미흡하다는 문제점이 있다고 하였다. 따라서 지방정부의 재난관리 조직체제의 개선방안으로는 시·도에 분산되어 있는 재난관리 조직을 재난대비·대응단계에 있어서 중심적 역할을 수행하는 소방본부에 통합하여 소방방재청 또는 소방공무원들에 의하여 주도적으로 재난관리할 수 있는 시스템을 구축해야 한다.

박석희·노화준·안대승(2004)은 우리나라의 재난관리행정체계의 비네트워크적 특성을 다음과 같이 지적하고 있다. 첫째, 재난을 발생 원인에 기초하여 매우 세부적으로 규정하고 있어 재난유형별로 별도의 법령을 적용함으로써 재난관리에 있어 혼돈을 초래하는 한편 많은 비효율성을 야기한다는 점이다. 둘째, 재난유형별로 소관 부처에서 개별적으로 관리책임을 지기 때문에 통합적이고 유기적인 재난관리가 곤란하다는 점이다. 즉, 예방과 준비기능을 소관부처별로 담당함으로써 예방과 준비·대응·복구 기능의 총괄적인 관리가 어렵게 되어 있다. 셋째, 재난관리에 있어 지역네트워크 거버넌스가 중요함에도 불구하고, 지방자치단체의 재난관리기능 수행에 제약이 있다는 점이다. 넷째, 재난관리 참여조직들간 역할분담이 유기적으로 이루어지지 않아 재난관리 활동이 중첩되고 불분명하다는 점이다. 끝으로 효과적인 재난관리를 위해서는 민방위대·경찰관서·소방관서·군부대 등 관련 기관들의 유기적인 협조체제가 중요함에도 불구하고, 중앙 재난관리 업무 조직을 관료제 형태로 구성함으로써 재난관리 관련 조직들의 구체적인 공조를 이끌어낼 유인이 저하되고 있다는 점이다.

명승환·전주상(2004)은 우리나라 재난관리 시스템의 근본적인 문제점을 다음과 같이 지적하고 있다. 첫째, 분산관리체제를 근간으로 운영함으로써, 유사기능의 중복 또는 분산운영으로 재난관리의 비효과성과 조직운영의 비효율성을 내재하고 있다. 둘째, 실제 재난발생 형태는 복합적 양상을 띠고 있으나, 분산관리 방식을 근간으로 시스템이 운영됨으로써, 책임과 권한 및 기능의 한계가 모호하고 명확한 성과달성 목표부여가 곤란하여 전반적으로 느슨한 조직운영이 불가피하게 이루어지고 있다. 이종열 외(2004)는 재난유형별로 소관부처에서 개별적으로 관리책임을 가지는 특징으로 인하여 위기상황시 통합적이고 유기적인 위기관리가 곤란하다고 본다.

이재은(2004)은 재난관리시스템의 개편과정 쟁점을 분석하여 그 향후 방향으로서 재난관리 전담기관의 조직체계 및 운영방안은 재난 유형별 중심으로부터 기능을 확보할 수 있는 방향을 제시하였다. 현재는 재난관리 시스템이 재난 유형에 따라 민방위, 인위재난, 자연재난, 소방 등으로 이루어져 있어 기능의 수행이나 확보가 쉽지 않게 되어 있다. 향후에는 조직개편을 통해 조직구조를 기획·지원, 완화·예방, 대비·대응, 복구·평가, 교육·훈련, 홍보, 소방 및 긴급구조 등과 같이 기능별 조직구조를 갖추는 것이 총체적인 재난관리 기능 확보에 절대적으로 필요하다고 지적한다. 국가 재난관리체계의 한계는 시민사회의 성장과 함께 민간에 의한 자발적 재난관리 조직의 참여 확대와 정부와 기업 및 민간의 파트너십 나아가 민간단체간의 파트너십에 의한 관리체계로의 전환을 주장한다. 즉, 시민이나 정부 그리고 지역의 기업과 시민단체가 예방차원의 협력관계를 사전에 네트워크를 연결 구축해 둠으로써, 재난발생 전 안전 예방활동을 통한 유대감이 조성되고 재난발생시 신속한 대응과 협력을 통한 수습·복구가 원활하고 조속하게 이루어질 수 있다.

양기근(2004)은 미국의 FRP(연방대응계획)를 통해 분화된 기능으로 인해 발생하는 관련 기관간 갈등의 조정과 해결을 담당하는 조직으로 응급지원팀(EST)과 대형재난대응위원회(CDRG)의 역할을 강조한다.

정기성(2003)은 삼풍백화점 붕괴사고, 대구 지하철 화재사고, 천안 초등학교 합숙소 화재사고 등 비일상적 재난을 관리하기 위해 필요 이상의 기구와 인력이 소요된다. 이러한 현행 재난관리체계는 과다한 중복투자이며, 조직간의 혼선과 갈등을 초래하는 비효율적인 체계라고 주장한다. 일반화재, 일반붕괴사고, 가정집 가스폭발 등 일상적 재난을 관리하는 재난관리조직을 하나의 조직으로 통합하고, 통합된 재난관리조직을 중심으로 기존 재난관리 능력을 보강할 것을 주장한다. 이와 동시에 대규모의 비일상적인 재난이 발생할 경우 신속하게 비상대응체계를 구축함으로써 작고 효율적인 정부를 구현할 수 있는 조직을 정비할 필요성을 제시하고 있다.

박동균(2002)은 재난의 규모가 지방정부 능력의 한계를 벗어난 대형사고일 경우 중앙과 지방간의 재난관리 기관들을 통합·조정할 필요성을 제시하고 있다. 중앙정부의 최고 재난관리 기구는 어떤 재난에도 신속히 대응할 준비를 갖추고 있어야 하며, 응급대처에서 복구, 보상에 이르는 재난대책 관련 업무를 총괄할 수 있어야 한다. 이러한 재난관리 기구를 중심으로 각 지방정부 차원에서도 비상시 동원할 수 있는 군, 경찰, 소방대, 행정관료 조직, 민간기업의 안전방재기관, 자원봉사단체 등과의 긴밀한 협조와 기능 및 역할 분담, 그리고 현장에서의 활동 조정, 통제가 신속하게 이루어질 수 있는 재난관리계획을 항상 갖추고 있어야 한다.

조호대(2003)는 지금까지 재난발생시 재난관리기관의 공조미비와 지휘체계의 혼선 등으로 인하여 소방, 군, 경, 자원봉사자들이 일시에 몰려 통제에 혼란이 있으며, 사전 시나리오 없이 즉흥적인 구조작업이 이루어졌다고 지적하고 있다. 업무공조체계의 지연과 혼란의 첫 번째 원인은 중앙사고대책본부와 지역사고대책본부의 공조가 잘 이루어지지 않았다. 두 번째 원인은 파견된 부처인 경찰청, 소방본부, 민방위대는 행정자치부 통제를 받고, 군은 국방부 소속이고, 민간구조대인 적십자사는 보건복지부 소속이었고, 나머지 민간조직은 적극적인 자원봉사활동을 강요할 수 없는 상황이었다. 현장지휘를 하는 통제관과 경찰지휘소에 파견된 경찰 책임자, 군 지휘소에 파견된 소방관련 지휘관, 서울시 책임자의 직급이 틀리기 때문에 상명하복을 조직의 특징으로 하는 공무원의 조직상 지휘 통제가 혼란을 일으킬 소지가 많았다고 지적한다. 따라서 재난관리체계가 지향해야 하는 통합성, 유기성, 협력성을 확보할 수 있는 방안의 하나로 재난관련 통합법을 제정하여 중앙과 지방의 재난관리에 필요한 상설조직의 설립에 대한 근거를 마련하고, 재난발생시 구성되는 임시조직과 유기적 협력, 지시·관계를 설정할 것을 제시한다.

제3장

주요 선진국 재난대응 행정시스템 사례

전 세계적으로 나타나는 급격한 기상 변화는 가뭄, 폭우, 지진 등의 각종 자연재난을 발생시키고 있으며, 화재나 붕괴 등과 같은 인적 재난과 2001년 9·11테러 이후 테러집단들에 의한 사회재난도 증가하고 있는 추세[1]에 있다.

이에 따라 세계 각국은 자연재해 및 인적 재난과 같은 재난을 예방하고 대응하기 위한 대책 마련에 박차를 가하고 있다. 이에 본 연구에서는 미국과 일본 두 선진국을 사례로 각종 재난에 대한 지방자치단체의 재난대응 시스템에 대한 분석을 통해 시사점을 도출하고자 한다.

본 연구에서 분석하고자 하는 선진국의 재난대응 사례를 미국과 일본으로 한정한 이유는 미국은 중앙집권적인 재난관리 방식의 대표적인 국가이며, 일본의 경우는 다른 국가들에 비하여 수많은 지진에 의한 재난

1) 2001년 9·11테러 이후 세계 주요 국가들은 다양한 비군사적 위협을 '시민보호'의 개념에 입각하여 효율적이고 통합적으로 관리하기 위한 위기관리시스템의 구축·정비에 착수하였다. 예를 들면, 미국은 국토안보부, 캐나다는 공공안전 및 비상대비부, 독일은 시민보호 및 재난대응청, 스웨덴은 비상관리청, 노르웨이는 시민보호 및 비상기획청을 신설하였으며, 스위스는 시민보호·체육·국방부로 정부조직의 명칭을 변경하였다(국가안전보장회의사무처 내부자료, 2007).

을 경험하면서 발전된 지방분권적인 재난관리 방식을 정착하였기 때문에 기타 국가들을 대표할 수 있기 때문이다.

1. 미국의 재난 초동대응체계

미국의 행정이 각종 재난에 관여하기 시작한 것은 19세기 초대형화재에 대한 원조를 정립하면서이다. 1930년대까지는 주로 이재민을 구호하고 복구를 지원하는 행정이 특별한 필요에 의해서만 이루어졌다. 따라서 위기관리를 전담할 수 있는 행정조직은 없었고, 단지 전국적인 자원봉사기관이 활동했으며, 복구과정의 소요자금도 여기서 마련되었다. 그러나 1936년의 홍수통제법(The Flood Control Act), 1950년의 재난구호법(The Disaster Relief Act)이 제정되면서 행정이 본격적으로 재난을 관리하게 되었다. 미국은 1978년 정부개편계획 제3호에 따라서 설치된 연방재난관리청(Federal Emergency Management Agency, FEMA)에 의해 그동안의 분화되고 조정되지 않았던 연방정부의 재난대비 노력이 카터 행정부에 의해 인식 · 조정되었다(May, 1985: 40-48). FEMA의 설립으로 총체적 재난관리(Comprehensive Emergency Management) 개념이 본격적으로 대두되었다. 지엽적 · 소극적 재난관리 방식이 총체적 재난관리 개념에 의해 전체적 · 적극적인 방식으로 전환하였다. 그러나 FEMA는 총체적 재난관리 개념을 실제로 적용하는 데 있어서 많은 어려움에 봉착하였다. 결국 레이건 행정부는 이를 적용 · 보완하기 위해 통합재난관리체제(Integrated Emergency Management System)를 공식적인 재난관리 방식으로 확립하였다(임송태 외, 1996: 137).

미국의 재난관리체제는 재난완화, 대비, 대응, 복구와 관련된 정책들을 개발하고 집행하는 과정으로 구성되어 있다(Petak, 1985: 3). 이들 단계는 시간 국면에 따른 것으로써, 완화와 대비단계는 재난발생 이전의 단계이고, 대응·복구단계는 재난발생 이후의 단계이다.

재난완화(mitigation) 단계는 재난이 실제로 발생하기 전에 재난발생의 촉진요인을 미리 제거하거나 재난요인이 가급적 표출되지 않도록 예방·억제하는 과정이다. 즉, 인간의 건강과 안전 그리고 사회복지를 위협할 위험이 존재하는 곳에서 무엇을 해야 하는지를 결정하고, 위험 감소계획(risk reduction program)을 집행하며, 자연재난과 인위적 재난으로부터 인간의 생명과 재산에 대한 장기적인 위험의 정도를 감소시키려는 활동인 것이다(McLoughlin, 1985: 166). 이처럼 재난완화 단계는 주로 장기적이고 일반적인 재난감소 문제를 다루고, 미래의 재난을 극복할 능력을 증진시키는 데 초점을 두며, 재난의 종류에 따라 목표가 변화한다(Godschalk & Brower, 1985: 64-65).

재난대비(preparedness) 단계는 재난대응 단계를 위해 사전에 운영능력을 개발시키는 활동 과정을 의미한다. 즉, 대비단계는 재난대응시 필요한 중요 자원들을 미리 확인하고 지역 내외에 있는 대응기관들의 동의를 구하고 조정을 하며, 재난손실과 인명구조 활동가를 훈련시키며 대응계획 개발 등의 기능을 수행한다(McLoughlin, 1985: 166). 또한, 대비단계에서는 재난관리에 도움을 줄 계획이나 경보체계를 포함, 다른 수단들을 준비하는 데도 노력을 기울인다(Clary, 1985: 20).

재난대응(response) 단계는 실제 재난발생시 재난관리 기관이 수행하여야 할 각종 임무 및 기능을 적용하는 과정으로 파악할 수 있다. 이러한 대응단계는 완화·대비 단계와 상호 연계되어 있고, 인위재난, 자연재난을 막론하고 재난관리의 전체적 차원에서 재난을 파악·대응하는 통합 재난관리체계의 확립을 통해 피해복구와 원조를 제공한다(Drabek, 1985: 85). 또한, 제2의 손실발생 가능성을 감소시킴으로써, 복구단계에서 발생할 수 있는 문제점들을 최소화시키는 재난관리 단계의 실제 활

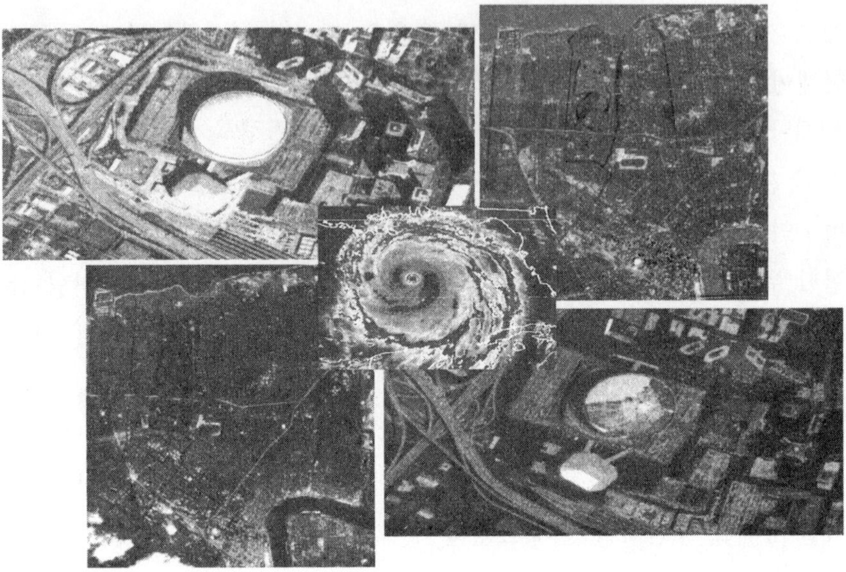

자료: 구글 블로그; www.mydaily.co.kr의 재구성.

[그림 3-1] 카트리나 피해(뉴올리언즈)

동 국면이다.

재난복구(recovery) 단계는 재난이 발생한 후부터 재난 피해 지역[2]이 원상으로 복구될 때까지 장기적인 과정이다. 즉, 최소 운영수준으로의 지원에 필수적인 초기 회복기간으로부터 그 지역이 정상적인 상태로 회복될 때까지 지원을 제공하는 지속적인 과정이다.

2) 2005년 허리케인 카트리나로 인해 가장 큰 피해를 입은 지역은 미국 뉴올리언즈이다. 8월 30일 허리케인으로 인해 폰차트레인 호수의 제방이 붕괴되면서 이 도시의 대부분의 지역에 물난리가 일어났다. 뉴올리언즈는 지역의 80% 이상이 해수면보다 지대가 낮아 들어온 물들이 빠지지 못하고 그대로 고여 있는 상황이다. 이 지역에 살고 있는 주민 중 2만명 이상이 실종된 상태이며, 구조된 사람들은 인근 슈퍼돔에 6만명 이상, 뉴올리언즈 컨벤션 센터에 2만명 이상 수용되었다. 주정부 및 연방정부는 이 지역에 군 병력을 투입하는 등 대책을 시급히 마련하여 피해 지역에 대한 복구활동을 펼쳤다.

자료: 구글 블로그; http://www.fema.gov의 재구성.

[그림 3-2] 카트리나 피해 복구

1) 재난관리 법규

거대한 국토를 가진 미국은 지진, 돌풍, 홍수, 화산폭발, 폭풍 등의 재해가 매년 끊임없이 일어나고 있다. 미국의 재난관련 법·제도는 1803년 뉴햄프셔 주 포츠머스의 이재민을 지원하는 법률을 시작으로 하여, 인위재난의 증가와 더불어 재난관리정책 대상이 더욱 확대되면서 예방정책의 제도화와 통합 재난 접근의 시도로 민방위 주도의 재난관리정책에서 국내 비상 프로그램의 중요성이 부각되는 방향으로 전환된 스태포드법(The Robert T. Stafford Disaster Relief And Emergency Assistance Act)[3]으로 정착되었다(이재은 외, 2006: 214). 1988년에 제정된 스태포드법을 기본으로 하여 주정부는 주법(State law)에서, 지방정부는 조례(Ordinance)에서 재난관련 사항들을 규정하고 있다(서울시정개발연구원, 2004: 75). 이를 통하여 주정부와 지방정부로부터 효과적이고 체계적·협력적 지원 절차와 규정, 역할 분담에 관한 규정을 마련하게 되었고, 체계적이고 효과적인 재난관리 업무수행의 기반을 제공하게 되었다.

2) 재난관리 조직체계

미국은 50개의 주정부와 84,955개의 지방정부로 이루어져 있다. 스태포드법에 기초하여 미국의 재난관리 체계는 연방 차원의 재해대책으로 연방정부의 독립기구인 연방재난관리청(FEMA)의 주도로 이루어진다. FEMA는 1961년 국방성 산하에 민방위청으로 설치되었으나(김태현, 2005: 6), 1979년 대통령 직속기관으로 재난전담 조직을 구성하여 부처별로 분산된 기능을 통합하였고, 효율적으로 재난에 대응하는 방안을 마련하였다.

미국은 보고체제의 일원화로 재난복구 및 대책 마련이 신속하다. 또한 FEMA의 청장 및 부청장은 대통령이 상원의 자문 및 동의를 얻어 임명된다. 청장은 대통령의 지휘 감독 하에 그의 직무를 수행하며, 부청장은 청장이 명하는 직무를 수행하거나 청장 유고시 청장의 권한 및 직무를 대행하고 있다. 또한 전국에 지방청을 두어 50개주를 10개 광역권으로 묶어 효과적으로 통제하고 있다. FEMA는 재해계획, 대응, 복구

3) 중대한 재난이나 비상사태가 발생하여 연방정부가 지원해야 할 필요가 있을 때 주정부 및 지방자치단체에 의해 연방의 지원 제공을 규정한 기본 사항이 정해져 있는 법이다(이재은 외, 2006: 214-215).

및 사전 예방 등의 종합적 위기관리를 위한 국가기관이며, 주요 재해 및 긴급 상황으로 인한 국민의 고통과 피해를 경감시키기 위한 주정부 및 지방정부의 노력을 돕기 위해 연방정부는 정연하고 계속적인 원조를 제공한다. 그리고 FEMA는 지역사회로 하여금 재해에 대비해 준비하거나 대응하도록 하는 능력을 확보하도록 노력 지원하는 것이 특징이다. 또한 2001년 발생한 9·11테러 이후, 미국의 재난관리 조직체계는 기존 자연재난 및 인위재난과 더불어 사회재난을 통합하여 거대한 통합 재난관리체계인 국토안보부(DHS: Dept. of Homeland Security)를 신설하여 기존의 FEMA 기능을 확대하여 흡수[4]하였다(한상대, 2004: 65-66; 심우배, 2005: 121-27). 미국의 재난관리 조직체계는 <표 3-1>과 [그림 3-3]으로 나타낼 수 있다.

▶ **표 3-1** ◀ **미국의 재난관리 조직체계**

구 분	재난관리 조직	기 능
연방정부	국토안보부(DHS) 연방재난관리청(FEMA)	· 주정부, 지방정부의 재난관리 활동 지원 · 주정부 및 지방정부의 위기관리부서, 비영리단체 및 민간 부문의 집단과 함께 TEAM 구성 · 12개의 비상지원기능(ESP)
주정부	주 위기관리본부(OES) 주 작전센터(SOC) 주 조정센터(SCC)	· 중앙정부/지방정부 사이 연계역할 수행 · 지방정부의 대응수위를 넘어선 재난의 관리 · 재난발생 시 지휘감독
지방정부	위기관리국(EMA)	· 재난관리의 일차적 책임 · 재난발생 시 비상운영센터(EOC) 운영, 자체현장지휘체계(ICS) 확립 · 재난대비 기획기능을 비롯 경찰, 소방 및 기타 서비스에 대한 조정기능 수행

자료: 국립방재연구소, 2003, 「02재해백서」. 서울시정개발연구원, 2004, 「서울시 대규모 재난관리를 위한 기본추진전략 수립방안(1)」. 심우배, 2005, 「미국의 방재조직 및 재난관리」.

4) 2003년 3월 이후 연방재난관리청은 현재 국토안보부 산하로 들어가서 그 기능을 수행하고 있다(http://www.dhs.gov/dhspublic).

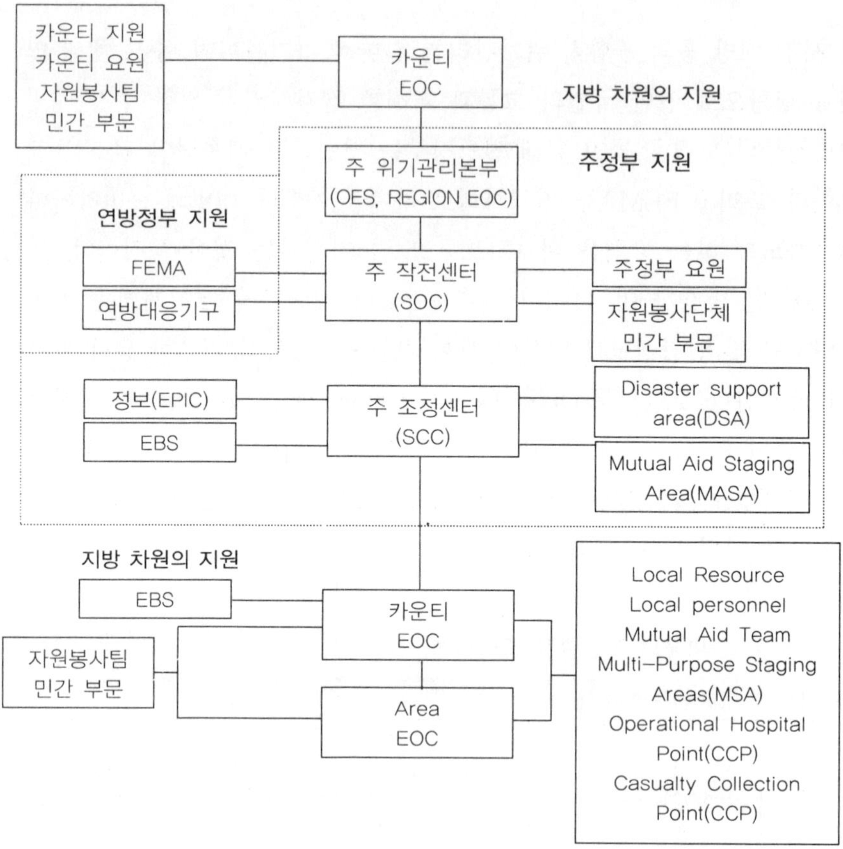

자료: 국립방재연구소, 2003, 「02재해백서」. 서울시정개발연구원, 2004, 「서울시 대규모 재난관리를 위한 기본추진전략 수립방안(1)」.

[그림 3-3] 미국의 주정부 재난관리 조직체계

3) 재난대응 방식 및 정보연계 프로그램

미국은 DHS와 FEMA를 중심으로 한 통합적 재난관리 방식을 취하고 있으며, 지역사무소와의 강한 연계를 통해 네트워크를 확립하고 있다. 재난·재해 발생시 일차적 책임기관은 시(Cities)·카운티(Counties) 등 지방정부[5]이며, 중앙정부[6]는 지방정부에 대한 지원·조정 등의 업무를 수행한다. 미국의 방재체계 및 방재관리는 통합적인 조직과 국가비상관리정보시스템(National Emergency Management Information System: NEMIS)[7]에 의한 체계적이고 일관성 있는 위기관리다. NEMIS의 구축은 재해 및 재난의 감독, 비상사태 선언, 대응, 복구 및 피해 완화 등에 대한 모든 각각의 프로그램 절차들을 일관되게 관리함으로써 초기 재해시 긴급 초동대응 및 각 담당기관별 빈틈없는 업무처리를 하고 있다. 그러나 무엇보다도 중요한 것은 통합적인 조직이 제대로 효과를 발휘하기 위해서는 부처간 원활한 조정과 협조체계가 필요하다(심우배, 2005: 121-127; 이재은 외, 2006: 533-542).

그리고 비상운영 소프트웨어(Emergency Operating System: EOS)는 각종 재난관리 관련 기관의 비상 조정 관리자들의 업무를 지원하는 소프트웨어로, 현재 미국의 연방정부, 각 주, 지방정부, 기타 관련 기업체 등에서는 EIS(Emergency Information System)[8]를 가장 많이 사용하고 있으며, 이것으로 재난사태의 관리, 통제를 하고 있다.

---

5) 재해·재난에 대한 총괄 및 조정업무를 담당하는 부서로서 EMA가 설치되어 있으며, 사건현장의 효율적인 지휘와 경찰국, 소방국 등 관계기관과의 유기적인 협조를 위해 재난사건 유형에 따른 현장지휘체계를 갖추고 있다. EMA는 재난에 대한 계획·대비·대응·예방, 재난대비 교육훈련, 복구지원 및 조정, 재난관련 주요 정보수집 및 전파, 재원확보 등을 주요 업무로 하며, 주정부의 재난관리국(SEMO), 연방정부의 DHS 및 FEMA, 국립기상청, 법무부, 동력부 등과 협조체계를 유지한다.

6) 연방정부의 경우 재해 및 재난, 비상사태와 관련되는 제반 기획, 대비훈련, 피해경감, 대응 및 복구지원 등과 같은 업무를 관장하고, 주정부는 연방정부, 관련기관 등과 협조하여 지방정부의 재해·재난에 대한 지원과 조정업무를 수행하고, 재난관리종합계획을 수립·시행하며, 재난에 대한 연방지원의 유치·관리·배분 및 지방정부에 대한 각종 지원업무 등을 수행한다(심우배, 2005: 125).

7) 국가비상관리정보시스템은 인적 지원, 인프라 지원, 예방 및 준비, 비상 조정 및 비상지원 등의 업무를 지원하는 통합된 시스템으로 전체 재난의 통합적 관리로 자동화된 자원을 제공하며, 재난관련 다른 시스템들과의 인터페이스 지원 등의 기능들을 제공한다(이재은 외, 2006: 543).

8) EIS는 현재 미국 연방정부, 50개 주와 다수의 지방정부, 군, 각종 기업에 5,000 이상의 시스템이 설치되어 있다.

4) 지방자치단체의 초동대응체계

지방정부의 재난관리체계는 3단계 절차로 구분 운영되고 있다. 먼저 긴급위기가 발생한 경우에는 상황실(Emergency Operation Centers: EOC)과 과운영센터(Department Operation Center: DOCs)가 설치되며, DOCs는 각종 다양한 통신 수단을 통해 시정부 차원의 위기운영센터와 연결되어 과별 보유자원이나 현장작업을 동원·관리한다. 다음으로 DOCs는 피해 정도나 관련 정보를 EOCs에 제공하고, EOCs를 통해 과 혹은 기관간 자원 요청을 조정한다. 시정부가 DOCs를 통해 요청받은 자원을 제공하기 어려운 경우에는 EOCs는 인접 지방정부의 지원을 요구하기 위해 카운티 EOC와 긴밀하게 협조하고, 필요하다면 연방재난관리청을 통해 주정부 EOC에 지원을 요청한다(이재은 외, 2006: 538-539).

미국은 일차적인 재난대응과 책임을 지방자치단체가 지고 있으며, 대

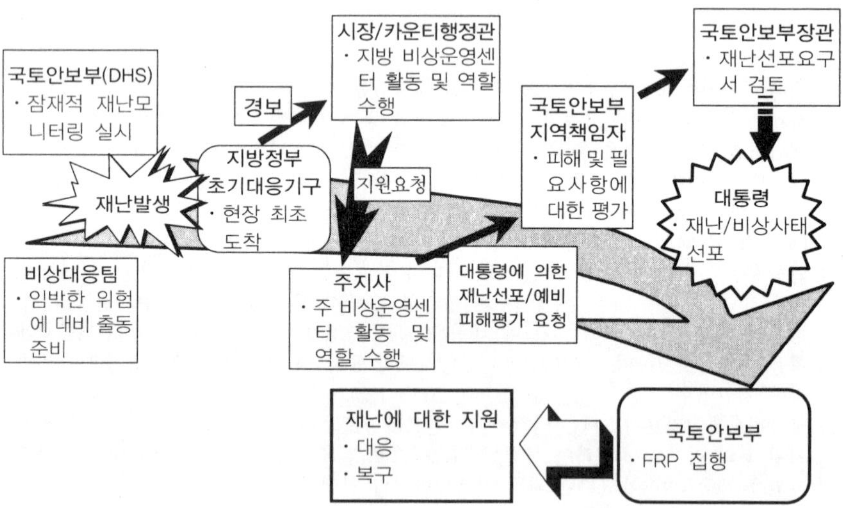

[그림 3-4] 미국의 재난 초동대응체계

규모의 경우에는 중앙정부가 지원한다. 중앙정부와 지방정부의 대응과 책임이 분명하기 때문에 재난발생시 초동대응의 적실한 시기를 놓치는 경우가 거의 없다.

또한, 재난관리 방식에 있어서도 미국은 부처, 즉 연방재난관리청을 중심으로 하여 통합적인 네트워크를 확립하여 보다 체계적인 시스템으로 관리하고 있다. 그러나 우리나라의 경우에는 부처를 중심으로 하여 분산적 재난관리 방식[9]을 취하고 있기 때문에 지방자치단체의 재난관리체계는 더욱 어렵다(류상일, 2007: 156).

---

9) 재난을 관리하는 방식은 두 가지로 나누어 볼 수 있다(한상대, 2004: 17-18; 채경석, 2004: 39-40). 하나는 재난의 종류에 따라서 각 부처별로 분산하여 관리하는 유형별 관리 방식이며, 다른 하나는 통합된 하나의 기관을 설립하여 모든 재난을 통합관리 하는 방식이다.

① 유형별 관리 방식

전통적 재난관리제도는 유형별 재난의 특징성을 강조하는 것에서부터 시작된다. 이것은 1930년대 전통적 조직이론의 등장과 함께 합리성을 목표로 하는 조직이 전문화의 원리를 택하도록 하는 행정이론적 환경과 일치하는 시기에 생겨났다. 이러한 재난관리의 분산관리 방식은 지진, 수해, 유독물, 설해, 화재 등 재난의 종류에 상응하여 대응 방식에 차이가 있다는 것을 강조한다. 따라서 재난종류별 계획이 마련되어 대응 책임기관도 각각 다르게 배정되어 있었다. 이러한 관리 방식은 재난시 유사기관간의 중복대응과 과잉대응의 문제를 야기하였고, 조잡하고 의미가 없는 계획서의 과잉생산과 다수기관간의 조정, 통제의 어려움과 반복의 문제(유충, 1999: 40)를 야기하게 되었다.

② 통합관리 방식

이러한 분산적 재난관리의 문제점을 보완하고자 제시된 것이 통합관리 방식이다. FEMA의 창설(1979년 FEMA(Federal Emergency Management Agency)의 창설은 재난관리 분야에서 미국 연방정부의 역할을 재정립하였고, 그러한 역할수행에서의 새로운 접근방법을 포함하는 대규모의 실험으로 볼 수 있다.)에 이론적 근거로 제시된 통합관리 방식(Integrated Emergency Management System)은 재난관리의 전체과정이라 할 수 있는 예방-대비-대응--복구활동을 종합 관리한다는 의미이며, 모든 재난은 피해범위, 대응지원, 대응 방식에 있어 유사하다는 것을 그 이론적 근거로 삼고 있다. 그러나 제도론적 관점에서의 통합관리의 개념은 대응단계에서의 모든 지원을 통합관리한다는 의미가 아니라 재난대응에 필요한 대응기능별 책임기관을 지정하여 유사시 참가기관들을 통제한다는 조정적 의미이다.

▶ 표 3-2 ◀ 미국 주정부 재난대응 주요 업무

단계	주요 업무	주요 내용
예방 및 대비 단계	· 재난예방계획 수립	· 인명을 보호하고 도로, 교량, 건물 등에 대한 피해를 줄이기 위한 예방계획 사업
	· 재해 · 재난 평가	· 지방정부의 재해 · 재난평가 및 재난대응계획 수립 지원
	· 국토안보 협의 · 조정	· 주정부내 관계기관들과 재난대응을 위한 협력, 기준 및 정책조정
	· 재난경보체계운영 (EAS: Emergency Alet System)	· 주 재난경보체계 계획, 운영 및 감독
	· 방사능 대비	· 핵발전소가 있는 카운티들에 대한 지원
	· 화학독성물질재난 대비	· 화학독성물관련 재난에 대비 – 연방 정부의 교육훈련지원기금유치 및 지방정부관리 감독
	· 재난대비 물품 비치	· 주정부의 재난대비 물품비치 및 지방정부 대여
	· 시민자원단 (Cltizen Corps)	· 지역사회에 적극 참여토록 장려 – 주내의 범죄예방, 비상대응, 재난대비 및 예방
	· 재난관리 교육훈련	· 재난관리를 위한 각종 교육훈련 프로그램 제공 (Incident Command System, Emergency Coordination Center Operations, Community Emergent Response Team 등)
	· 주민홍보	· 공중보건 및 안전관리에 대한 자료 배포 및 지방공무원들에 대한 교육훈련
대응 단계	· 재난정보 전달	· 지방정부, 연방정부 등이 재난에 대응토록 주 재난조정 센터내의 24시간 경보실 운영 (SECC: State Emergency Coordination Center)
	· 정보통신기술 지원	· 지방정부 등을 지원하기 위한 정보통신장비 운영 – 재난대응을 위한 다목적 첨단차량 "Command 1" 등
	· 인력 지원	· 주정부의 타기관, 연방정부, 지방정부, 자원조직, 기업 등과의 파트너십을 통하여 재난재해 희생자들에 대한 재화 및 서비스 공급 조정
복구 단계	· 비상운영 (Emergency Operations)	· 주정부의 대응 및 목구활동 조정(지방정부 지원)
	· 재난복구 지원	· 재난지원기금을 연방정부로부터 유치하고, 지방정부 등에 대한 자금지원
	· 재난관리성과지원금 (Emergency Management Performance Grant)	· 지방정부에 대한 연방기금을 유치, 관리, 배분

자료: 서울시정개발연구원, 2004.

(1) 주정부 주요 재난대응 업무

미국의 주정부는 연방정부 및 관련 기관 등과 협조하여 주로 지방정부를 지원하며, 주정부 차원의 대규모 재난에 대한 기본정책 설정 및 조정 업무를 수행한다(서울시정개발연구원, 2004: 84-89).

(2) 지방정부 주요 재난대응 업무(New York시의 사례)

지방정부는 재난발생시 현장지휘체계(ICS, [그림 3-5])가 설치되어 최일선에서 구조·구난 활동을 수행하며, 경찰국, 소방국 등 관계기관과 협조체계를 구축하였다. 미국 대도시들 중 가장 훌륭한 도시방재체계를 구축하고 있는 New York시를 중심으로 미국의 지방정부 재난관리 대응현황을 분석하고자 한다(서울시정개발연구원, 2004: 85-89).

자료: 구글블로그, http://www.state.ny.us의 재구성.

[그림 3-5] New York시의 재난관리 주요 시설 및 장비

① 재난관리 주요 시설 및 프로그램 현황

▶ 표 3-3 ◀ New York시 주요 재난관리 시설

주요 시설	내 용
· 관제실 (Watch Command)	· 24시간 상시 운영되며, 통신 및 연락의 중심지 역할 – 관제담당자(Watch Commander)는 라디오 및 시 치안관련 기관들의 출동시스템 모니터링 – 시, 타지방자치단체, 주 및 연방기관, 민간기구, 병원 등과 통신 유지 · 재해 · 재난 현장대응을 위한 관계기관간 조정 · 재난현장에서의 대응, 사건상황평가, 각종 물자 지원 · 조정 – 사건지휘부(Incident Commander)와 현장대응기관간의 연락 등
· 비상운영센터 (Emergency Operation Center: EOC)	· 대규모 재난발생 시 가동되는 시설 – 시 · 주 · 연방 및 민간기관 등의 관계자들은 비상운영센터(EOC)에 모여 전반적인 재난대응 조정 작업을 수행함.
· 상황실 (Situation Room)	· 각종 재난(소규모)대응 조정 작업을 수행하기 위한 장소 – 전쟁실(WarRoom)은 비상운영센터(EOC) 국장(Commissioner) 및 집행간부들이 재난상황 평가, 브리핑, 물자배분 등의 업무를 수행하는 장소
· 관계기관 합동지휘센터 차량(Interagency Command Center Car)	· 재난발생시 관계기관간 현장 협동조정 및 지휘를 위해 합동지휘센터 역할을 수행하는 현장 특수차량 출동

자료: 서울시정개발연구원, 2004: 85.

▶ 표 3-4 ◀ New York시 재난관리 주요 프로그램

구분	주요 프로그램	내 용
재난대응 프로그램	자산 및 물자관리시스템 (Citywide Assets and Logistics Managenent System: CALMS)	· 재난대응 및 복구 시 공통적으로 사용되는 각종 자원에 대한 정보를 수집하는 인터넷 기반 시스템 – 시설물, 차량, 장비 및 물품, 재난관련 구호품 등을 확인하기 위한 모듈을 포함하며, 필요시 특수기술자를 신속히 확인할 수 있도록 인적정보를 포함함. 또한 시설물정보 등은 GIS에 의해 관리
	사건관리시스템 (Citywide Incident Management System: CIMS)	· 공식적인 지휘체계를 수립하기 위해 만들어진 프로토콜(Protocol) – 재난발생시 각 기관의 역할, 책임, 용어 등에 대한 공통규약을 제시함. 또한 사건유형에 따라 어떤 기관이 운영책임이 있는가를 확인해 주는 지휘매트릭스(Command Matrix)를 포함함.

재난대응 프로그램	모바일 데이터센터 (Mobile Data Center: MDC)	· 현장에서 GIS 및 자료수집 작업을 할 수 있도록 제작된 차량 – 모바일 데이터센터(MDC) 차량에 탑승한 GIS 요원은 재해 · 재난 지역을 신속하게 지도화하여 필요한 정보를 제공하며, 차량내 회의실은 관계기관간 회의 및 조정작업 지원
	수색 및 구조 (Urban Search & Rescue Response System: US&R)	· 연방재난관리청(FEMA)에 의해 조정 및 관리 · 감독되는 특별임무조(Task Forces) – 각 지방자치단체의 재난관리 총괄부서 또는 소방국에 의해 관리되며 붕괴사고 등의 재난에 신속 대응함. – New York시의 경우, 비상운영센터(OEM)에 의해 관리되며, 시 경찰국 및 소방국의 약 210명 정예요원으로 구성되어 있고, 이들은 고도의 위험한 조건 하에서 요구되는 기구, 장비, 기술 등 보유
기업대상 재난대비 프로그램	CorpNet 정보공유	· 민간기업들과의 협력을 통해 기업들에게 재난에 대한 최신의 정확한 정보를 제공하며, 이에 대한 인식을 고취시키고 의사결정을 지원 – 24시간 재난감시를 담당하고 있는 관제실(Watch Command)을 통해 각종 재난관련 정보를 모니터링하여 이를 CorpNet에 가입한 기업들에게 제공
	기업재난접근 시스템 (Corporate Emergency Access System: CEAS)	· 각각의 기업에서 선정된 핵심 직원에게 신임장을 제공함으로써 재난발생시 일반인의 접근이 금지된 지역에 출입이 가능하도록 허용함. – 신임장을 보유한 직원은 해당 기업의 시설물보호, 필요시 시스템 폐쇄, 핵심업무기능 유지, 각종 의무사항 이행 등의 역할 수행
지역사회 재난대비 프로그램	시민자원단 운영 (Citizen Corps)	· 국토안보부(DHS)의 주도로 창설된 조직 – 범죄, 자연재해, 테러 등에 대한 교육, 훈련, 자원봉사를 통해 봉사정신을 함양하고 재난에 대한 대비태세를 기함. · 비상운영센터(OEM)는 간사기관으로서, 20여 개 이상의 프로그램을 포함
	지역사회 재난대응팀 (Community Emergency Response Team: CERT)	· 지역사회에 기반한 자원봉사대로서 기본적인 재난대응 기법에 대한 교육훈련프로그램 운영 – 현재 New York시는 시범단계에 있으며, 5개 자치구(borough)에 8개 지역사회 재난대응팀(CERT) 조직이 있고, 시범사업에서는 15개 지역사회 그룹에 교육훈련을 받고 있음.

지역사회 재난대비 프로그램	이메일 경보 (OEM E-Mail Alerts)	· 잠재적인 재해 · 재난에 대한 정보를 이메일로 통해 정기적으로 제공 – 재난대비 및 통보(Emergency Preparedness, Notification, and Alerts), 뉴스(News and Events), 재난대비안내(Preparedness Guides), 지역사회 재난대응팀(DERT) 등에 관한 서비스 제공

자료: 서울시정개발연구원, 2004: 86.

▶ 표 3-5 ◀ 재난 종류에 따른 New York시의 주관 지휘기관

단일 지휘		통합 지휘	
사건의 유형	주관기관	사건의 유형	주관기관
· 차량 구출	경찰국(NYPD), 소방국(FDNY)	· 항공	소방국(FDNY), 경찰국(NYPD), 뉴욕공항청(PANYNJ)
· 시 전역에 걸친 사이버 사고	경찰국(NYPD), 정보통신국 (DOITT)	· 화생방/유해물질(HazMat), '정전사태	경찰국(NYPD), 소방국(FDNY)
· 시민들의 소요, 선박, 조난, 폭발물 위협, 인질, 총격, 의심스런 물건, 정신병자, 수중으로부터의 구조, 특별행사	경찰국(NYPD)	· 시 전역에 걸친 공중보건 재난	보건국(DOHMH), 병원국 (HHC), 병원협회(GNYHA), 경찰국(NYPD), 소방국 (FDNY)
· 화재, 구조물붕괴, 함정 · 밀폐공간으로부터의 구조, 엘리베이터 사고	소방국(FDNY)	· 폭발, 절도, 유틸리티(라이프라인 등)	소방국(FDNY), 경찰국 (NYPD)
· 교정시설(교도소 등) 소요	교정국(DOC)	· 자연재해/기상재난	비상운영센터(OEM), 경찰국 (NYPD), 소방국(FDNY), 교통국(DOT), 위생국(DSNY)
· 쓰러진 나무	공원국(DPR), 소방국(FDNY)	· 통신망	정보통신(DOITT), 경찰국 (NYPD), 소방국(FDNY)
		· 상수관	환경국(DEP), 소방국(FDNY) 경찰국(NYPD)

주: NYPD(New York City Police Department), FDNY(New York City Fire Department), DOITT(Dept. of Information Technology & Telecommunications), DOC(Dept. of Correction), DPR(Dept. of Parks & Recreation), PANYNJ(Port Authority of New York & New Jersey), DOHMH(Dept. of Health & Mental Hygiene), HHC(Health & Hospitals Corps.), GNYHA(Greater New York Hospital Assoc.), DSNY(Dept. of Sanitation New York), DOT(Dept. of Transportation), DEP(Dept. of Environmental Protection).

② 재난관리를 위한 합동 현장지휘체계 구축

재난발생시 현장지휘체계는 뉴욕 시청, 뉴욕 소방국, 뉴욕 경찰국이 합동지휘체계를 구성하며, 재난 종류에 따라 단일 및 통합 지휘체계로 구분한다.

③ 시민들에 대한 신속한 재난정보 제공 및 홍보

ㅇ 재난정보 제공

- 방송, 전화, 인터넷 등 다양한 매체를 사용함.
  - ·두 가지 비상전화 이용이 가능하며, 긴급조치 필요상황에는 「911」로, 위급하지 않은 경우에는 「311(신설)」을 이용함.
  - ·시민들은 재난관리온라인위치확인시스템(Emergency Management Online Locator System: EMOLS)을 통하여 허리케인 등 태풍강도, 시나리오에 따른 침수 지역(Inundation zones) 확인, 대피 및 소개(Evacuation) 지역, 대피경로, 병원, 요양시설 등을 신속하게 확인할 수 있음.

〈주요 내용〉
- ㅇ 비상사태 대비 권고사항
- ㅇ 일반적인 비상대비 대처법
  - 대피, 실내대피, 재난대피소, 공공서비스의 중단
- ㅇ 위험 대처 안내
  - 기상재난(태풍·홍수, 혹한·폭설, 해안 폭풍, 혹서), 화재, 지진, 일산화탄소, 질병발생 및 생물학적인 사고, 방사능 노출, 건물의 붕괴 및 폭파, 위험·화학물질유출, 테러
- ㅇ 귀하 및 귀하가 사랑하는 사람들을 위한 정보
  - 노인 및 신체장애자, 정신건강, 부모 및 가족, 애완동물 소유자, 지하철 내 대처법, 시(市를) 돕는 방법, 기타 정보
- ㅇ 비상용 참조 카드
- ㅇ 비상시 시 당국에 연락

자료: 뉴욕시 재난관리국, 뉴욕시 안전 가이드(Ready New York), 뉴욕주정부.

[그림 3-6] New York시 재난대비 행동요령 안내서 한국어판 사례

ㅇ 교육훈련 및 주민홍보

· 주민들의 재난대비 행동요령안내서 「Ready New York」을 발간하여 각종 재난에 효과적으로 대비·대응할 수 있도록 시민들에게 배포함(본 안내서는 영어와 한국어를 포함한 총 9개 국어로 배포됨).

④ 철저한 비상계획 수립 및 대피체제 확보

ㅇ 비상계획 수립

- 비상운영센터(OEM)는 허리케인 등 악천후로 인한 범람으로부터 연안 지역들의 시민들을 보호하기 위하여 철저한 비상계획(Contingency plan)을 수립·시행함.

- 대피결정

· 시장은 New York 주법(State law)에 따라 시민들에게 명백한 위협이 될 경우 재난 또는 비상사태를 선포하여 시민들에게 대피지시(대피권고, 대피명령)를 할 수 있음.

- 소개 지역(Evacuation Zone), 안내소(Reception Center) 및 대피소(Evacuation Shelter)

· 주민 소개 지역은 위험 등급에 따라 A, B, C 지역으로 구분됨(재난관리온라인위치확인시스템: EMOLS).

▶ 표 3-6 ◀ New York시 대피지시 명령

구 분	설 명
대피권고 (Evacuation Recommendation)	· 특정 지역 또는 건물유형의 주민들이 자발적으로 대피할 수 있음을 알림. · 대피권고는 또한 이동성(mobility)에 제약이 있는 사람들로 하여금 예방적 조치로서 충분한 시간을 확보토록 하기 위해 발령할 수 있음.
대피명령 (Evacuation Order)	· 특정지역(zones)의 주민들로 하여금 거주지를 떠나도록 명령함.

자료: 서울시정개발연구원, 2004.

▶ 표 3-7 ◀ New York시 소개 지역(Evacuation Zone) 구분

구분	색상표시	설 명
A지역	황색(orange)	· 인명을 위협할 정도의 침수가 예상되는 최상위 위험 지역 · 해안 저지대, '모든' 허리케인으로 지반사태가 예상되는 지역 등
B지역	노랑색(yellow)	· '보통(moderate)' 수준의 허리케인으로부터 침수가 우려되는 지역
C지역	녹색(green)	· '대규모(major)' 허리케인으로부터 침수가 우려되는 지역 · New York은 '대규모' 허리케인 발생가능성 낮음.

자료: 서울시정개발연구원, 2004: 89.

▶ 표 3-8 ◀ New York시 침수대피장소 구분

구 분	대피장소	설 명
최초 기착지	안내소 (Reception Center)	· 모든 대피자들은 안내소에 신고함. · New York시 전역 독립구들(boroughs)에 위치하고 있으며, 대중교통과 가깝고 주차여건이 양호함. · 각 안내소는 수개의 대피소들과 연계되어 있음. – New York시는 23개 안내소가 있으며, 각 안내소에 속한 대피소들은 총 3,000~12,000명을 수용할 수 있음. – 각 안내소는 그에 속한 대피소들의 수용인원 및 수급관계를 고려하여 대피자들을 적절히 안배함.
도착지	대피소 (Evacuation Shelter)	· 학교, 도서관, 종교시설, 관공서 등이 주요 대피소로 선정됨. – 기본적인 구호품이 제공되며, 미국적십자사(American Red Cross) 주관으로 선정 · 관리 – 안정성, 침수지역 외곽, 안내소와의 거리 등을 고려하여 선정됨. – 애완동물은 허용되지 않음.

자료: 서울시정개발연구원, 2004: 89.

2. 일본의 재난 초동대응체계

일본의 재난관리조직은 중앙정부, 도 · 도 · 부 · 현, 시 · 정 · 촌의 세 단계로 구성되어 있다. 중앙에서 재난관리에 관한 중요 사항을 심의하는 중앙방재회의는 각 성 · 청의 소관별로 분리된 방재업무의 총괄적인 계획의 수립과 조정 및 시행을 도모하기 위하여 총리부에 부속기관으로 설치되었다. 회장인 내각총리대신과 전 각료, 방재 분야의 전문가로 구성된 중앙방재회의는 사무국까지 설치된 실시기관으로서 ① 방재기본계획의 작성과 실시, ② 비상재해에 대하여 응급조치 계획의 작성과 실시, ③ 회장의 자문에 대해 방재에 관한 중요 사항의 심의를 담당한다.

중앙방재회의가 중앙에서 관계 성·청간의 연락조정의 역할을 하는 것과 마찬가지로 지방에서는 도·도·부·현 방재회의와 시·정·촌 방재회의가 지역방재계획의 작성과 실시를 주관하며, 재난발생시의 정보수집과 응급조치·복구수행, 유관기관 상호간의 업무협조 조정을 집행한다. 지방방재회의는 지사 또는 시·정·촌의 장이 대표가 되며, 지역방재계획의 작성과 실시, 재난에 대한 정보의 수집, 재난발생시 관계기관의 연락조정 등의 업무를 담당하고, 재난예방 및 복구의 각 단계에서 유효하게 대처하기 위하여 방재계획의 수립과 실시를 추진한다. 한편 이와는 별도로 중앙에 비상재해대책본부와 지방에 재해대책본부[10]가 있는데, 지방방재회의가 평시에 방재에 관한 종합적인 조정을 하는 정적인 기관인데 비하여 재해대책본부는 도·도·부·현과 시·정·촌에 재난이 발생하거나 발생할 우려가 있을 때, 지방자치단체의 각 조직을 중심으로 기동적인 방재활동을 하는 동적인 조직이다. 재해대책본부는 방재업무의 추진을 도모하기 위하여 지방방재회의의 의견에 따라 설치하는 것으로 지방자치단체의 행정단위별로 재해대책 업무를 수행한다. 특히, 재난의 규모와 상황이 국가적 차원에서의 재해응급 대책추진을 요구할 때는 총리부 내각총리대신 소관 하에 비상재해대책본부를 둔다. 또한, 재난이 발생할 경우 각종 방재활동을 관계기관이나 지역주민과의 밀접한 연계와 협력 하에서 사전에 충분한 준비와 훈련을 실시한다.

---

10) 재해대책본부의 명칭은 개별사건에 따라 다를 수 있으며, 지방자치단체에 따라 '위기관리대책본부'라고 하기도 한다.

일본에서는 방재활동을 전국가적으로 추진하기 위하여 국민 개개인이 협력하여야 한다는 전제 하에 학교교육과 매스컴 등을 통하여 재난에 관계된 지식과 방재대책에 관한 지식을 보급하여 국민의 방재의식을 높이고 있다. 특히, 매년 9월 1일을 「방재의 날」로 정하고, 그 전후기간을 방재주간으로 설정하여 강연회, 홍보활동, 훈련실시 등과 같은 다양한 행사를 통해 방재의 생활화를 이루게 한다. 또한, 중앙정부와 지방정부의 정부 차원에서도 지역주민의 참가와 방재관계기관과 긴밀하게 협조하여 재난관련 정보의 수집 · 전달, 피난유도, 구출 · 구호 등 종합적이고 실질적인 방재훈련의 필요성을 인식하며, 교육훈련은 특히 재난위험이 높은 지역에 대하여 여러 관계기관들이 협력하여 실시하고, 방재관계 기관에 대해서도 재난에 대한 전문지식의 향상을 위해 연수 · 강습회 등을 행한다.

일본은 사회 전체에 방재교육이 체계적으로 실시되고 있다. 학교교육 가운데 방재에 관한 교육은 교육과정 전체를 통하여 이루어진다. 특히, 안전교육 가운데 재난발생 등 안전한 행동을 할 수 있도록 태도나 능력을 몸에 익숙하게 하여 학급활동, 학교행사 등의 특별활동을 중심으로 하여 교과지도를 한다. 또한, 재난은 지역과 깊은 관계가 있으므로 지역의 자주방재조직센터 등에서 실시되는 방재교육도 중요하고, 지역에서 발생한 과거의 재난상황이나 심정 등에 대하여 가정이나 지역에서 지역주민에게 전해 주는 것도 필요하다.

현대 일본사회에 있어서 민간기업은 종업원의 안전 확보나 경제활동을 원활히 유지하기 위하여 기업의 방재대책의 일환으로서 직장에 대한 방재의식의 보급과 고양을 위한 활동을 하고 있다. 또한, 최근에는 소방기관에서도 주부나 기업의 방재 담당자들이 참가하는 방재교실 등이 개설되고, 병원 등의 신입사원 교육 내용에 방재교육에 대한 사례가 첨가되고 있다. 이와 같은 방재교육은 현재 가족과 학교를 시작으로 지

자료: 구글 블로그, http://www.google.co.kr의 재구성.

[그림 3-7] 일본의 지진피해

역의 자주방재조직, 방재센터 등을 통하여 여러 형태로 이루어지고 있다(박동균, 2000: 97).

1) 재난관리 관련 법규

열악한 국토조건을 가진 일본은 매년 홍수, 태풍, 지진 등의 거대한 자연재해 발생으로 인해 재난대책 연구의 역사가 긴 편이라고 할 수 있다. 1962년에 제정한 재해대책기본법은 종합적이며 계획적인 방재행정의 정비 및 추진을 도모하는 것이며, 일본의 재해대책을 강구하는 데 가장 기본이 되는 법률이다. 재해대책기본법의 주요 내용은 방재 책임의 명확화, 방재체제, 방재계획, 재해예방, 재해 응급대책, 재해복구, 재정금융 조치, 재해 긴급사태를 규정하고 있다. 일본은 기본법 관련 5개 법률이 대규모지진대책조치법, 원자력재해대책특별조치법, 동남해・남해지진에 관한 지진방재대책 추진에 관한 특별조치법, 석유콤비나트 등 재해방지법, 해양오염 및 해상재해 방지에 관한 법률과 재해 예방관계 16개 법률, 재해 응급대책 관계 3개 법률, 재해복구・부흥, 재정금융조치

관계 24개 법률, 조직 관계 5개 법률에 의해 재해대책이 추진되고 있다(이재은 외, 2006: 216-219).

또한 일본은 효율적인 재해대책을 위해 재해대책기본법에 의거 국가의 주도 아래 민・관의 협력 재난대응체제, 중앙정부와 지방정부의 책임・역할의 명확화, 민간 및 지방자치단체의 자율 재난대응체계, 현장에서의 일원화된 지휘체제를 실시하고 있다.

2) 재난관리 조직체계

중앙조직으로 중앙방재회의가 있고, 지방조직으로 지방방재회의가 있다. 재난발생시 일차적으로 지방자치단체가 대응하고, 대규모 재해가 발생하면 총리주재의 비상재해대책본부나 긴급재해대책본부를 설치하여 중앙정부가 지원하게 된다.

일본의 재난관리 조직관리 체계는 중앙정부의 내각부에서 국가 재난관련 정책을 기획, 총괄, 조정하고 있으며, 지정행정기관 또는 지정공공기관은 재해대책기본법에 의거 내각총리가 독립행정법인, 인가법인, 특수법인 및 민간회사 중에서 지정하며, 각 기관별 업무에 관련된 각종 재난임무를 수행한다. 또한, 도・도・부・현, 시・정・촌에서는 도・도・부・현 방재회의 및 시・정・촌 방재회의가 설치되어 지역방재계획 및 재해대책을 실시하고 있다.[11)]

11) 일본은 중앙정부 차원의 재해대책으로 총리대신 산하의 국토청에 방재국을 두어 총괄하고 있고, 각 성, 청에서는 각각의 소관사항에 대한 재해대책을 추진하고 있다. 또한 과학기술청 산하에 방재과학기술연구소를 두어 재해대책에 관한 학문적・실질적 연구 사업을 수행하고 있다. 정부의 방재기관으로서 국토청 등 29개의 중앙성・청이 지정행정기관으로 지정되어 있다. 그리고 방재관계의 공적기관으로서 일본 전신전화(주), 일본은해, 일본적십자사, 일본방송협회 등 운수, 기상, 가스 분야에 38기관이 지정되어 있다(김태현, 2005: 7).

▶ 표 3-9 ◀ 일본의 재난관리 조직체계

〈국가차원〉 · 내각총리대신 · 중앙방재회의 · 지정행정기관 · 지정공공기관	–방재계획의 수립 · 실시 · 종합 조정 –방재기본계획의 수립 · 실시 –방재업무계획의 수립 · 실시
〈도 · 도 · 부 · 현 차원〉 · 도 · 도 · 부 · 현 지사 · 도 · 도 · 부 · 현 방재회의 · 지정지방행정기관 · 지정지방공공기관	–방재계획의 수립 · 실시 · 종합 조정 –도 · 도 · 부 · 현 지역방재계획의 수립 · 실시
〈시 · 정 · 촌 차원〉 · 시 · 정 · 촌장 · 시 · 정 · 촌 방재회의	–방재계획의 수립 · 실시 –시 · 정 · 촌 지역방재계획의 수립 · 실시
〈주민차원〉	

자료: 내각부(2003: 8), 이재은 외(2006: 555) 재구성.

3) 재난대응 방식 및 정보연계 프로그램

일본은 대규모 재난이 발생했을 때 신속한 재해대책이 가능하도록 기상청으로부터 기상정보, 관계기관으로부터 헬기에 의한 피해영상 정보, 도 · 도 · 부 · 현, 시 · 정 · 촌, 방재관계 기관으로부터 피해상황 · 규모에 관한 정보 등 재해에 관한 제1차 정보를 정확히 수집하고, 전체적인 피해 규모나 정도를 파악함은 물론, 관계기관에 정보를 전달하기 위하여 정보 · 통신체계의 정비에 힘쓰고 있다.

일본의 재난대응 방식은 재해유형별로 방재시스템을 구성하고 사전감시 기능을 강화하였으며, 체험센터와 같은 시민과 함께 하는 업무구조 및 시스템 구조를 보유하고 있다. 기상 및 재해의 상황전개를 대상자 및 국민에게 신속하고 정확하게 알리는 시스템이 강력하게 추진되고 있으며 유관기관과의 정보교환 및 업무협조를 위한 체계적 구조를 가지고 있다. 지방자치단체 또한 독자적인 방재체제를 구축하고, 국민이 국가로부터 단순히 방재정보를 제공받는 입장이 아닌 재해발생시 방재정보의 상호 제공과 일선 부서 위주의 시스템이 보급되어 있으며, 일선 부서의 운영인력을 최소화하기 위해 자동화시스템 및 이동차량 등을 도입하고 있다. 그리고 통합관리용 재해종합상황관리시스템을 도입하여 재해 유형 및 상황에 맞는 정보 제공, 재해관련 정보 입수, 유관기관과의 정보 자동연계, 관련자에게 자동배포, 과거 유사상황 재현, SOP/Check List에 의한 지휘 및 통제 등을 실시하고 있다. 재해예측 및 시뮬레이션 시스템으로는 침수확산, 화재확산, 위험 및 피해확산, 효과적인 구조 및 구호구급, 가뭄확산, 교통소통, 적조확산, 선박사고에 따른 유류물질 확산, 피해평가 등을 실시하고 있다. 또한 인접국과의 정보교환과 상호대응 공조를 위한 상설조직, 실시간 정보교환을 위한 시스템, 기술적, 통계적 문헌과 정보의 상호 공유 등을 추진하고 있다(정선영, 2005: 73-79).

4) 지방자치단체의 초동대응체계

일본 지방자치단체의 재해대책은 1차적으로 시・정・촌을 중심으로 이루어지며, 각 도・도・부・현에서는 중앙정부 정책을 반영하여 총괄 관리하고 추진하고 있다. 도・도・부・현의 자치단체는 방재계획 및 행정, 시・정・촌의 방재행정 전반에 대한 지도・조언 등의 업무를 수행하고, 재해발생시 방재무선시설을 활용한 긴급대책, 복구대책 업무의 수행과 자주방재조직을 육성・지도한다. 도・도・부・현의 지방방재회의는 지역의 재해예방, 재해응급대책 및 재해복구의 각 단계에 유효하게 대처하기 위한 방재계획을 수립하고 실시한다. 지방재해대책본부 또한 지방방재회의와 긴밀하게 협조하여 지역방재계획이 정하는 바에 따라 재해예방 및 재해응급대책을 실시하고, 지방자치단체의 재해대책본부는 재해·재난 예방 측면에서 재해·재난 발생 전에도 설치가 가능하다(심우배, 2005: 106-109).

긴급사태에 초동대응해야 할 필요성이 발생한 경우 [그림 3-9]와 같이 대응체제가 운영되며, 필요에 따라 긴급사태에 대한 긴급재해대책본부가 설치된다. 재난발생시 모든 정보는 관계 성청, 매스컴, 민간 공공기관을 통해 내각관방 내에 있는 내각정보집약센터로 집약된다. 센터에서는 수집된 정보를 관저위기관리센터로 전달하고, 관계 성청으로도 내각관계자에게 속보로 재난발생에 관한 정보가 전달된다. 이런 재난발생에 대한 효율적인 대응을 위해 관저위기관리센터와 내각정보집약센터는 정보통신 네트워크를 구축하게 된다.

일본은 각종 재해관련 조직이 분산된 구조를 지니고 있지만, 내각제의 특성을 살려 중앙정부의 내각부에서 재난관련 사고에 대비한 조직과 기능을 총괄, 운영하고 있으며 지방자치단체들은 중앙정부 못지않은 재난관리시스템을 지녔으며, 적절한 법과 조례를 통해 재난에 앞서 예방대책을 수립, 조직의 기능을 극대화시키고 있다. 재난발생시 그에 대한 문제점을 철저히 조사·분석하여 피해를 극복하고, 그 과정 자체를 교훈으로 삼고 있다.

일본은 재해가 발생 또는 발생할 염려가 있어 재해대책을 일괄적으로 시행할 필요가 있는 경우 도도부현 지사, 시정촌장은 지방방재회의의 의견을 듣는 재해대책본부를 설치할 수 있으며, 재해대책본부는 지사 또는 시정촌장을 본부장으로 하는 지방방재회의와 긴밀하게 협조하여 지역방재계획이 정하는 바에 따라 재해예방 및 재해응급대책을 실시한다.

중앙정부의 비상재해대책본부는 재해발생 후 필요에 의해 설치되는 반면에, 지방자치단체의 재해대책본부는 재해 및 재해예방 측면에서 재해발생 이전에도 설치할 수 있도록 되어 있다.

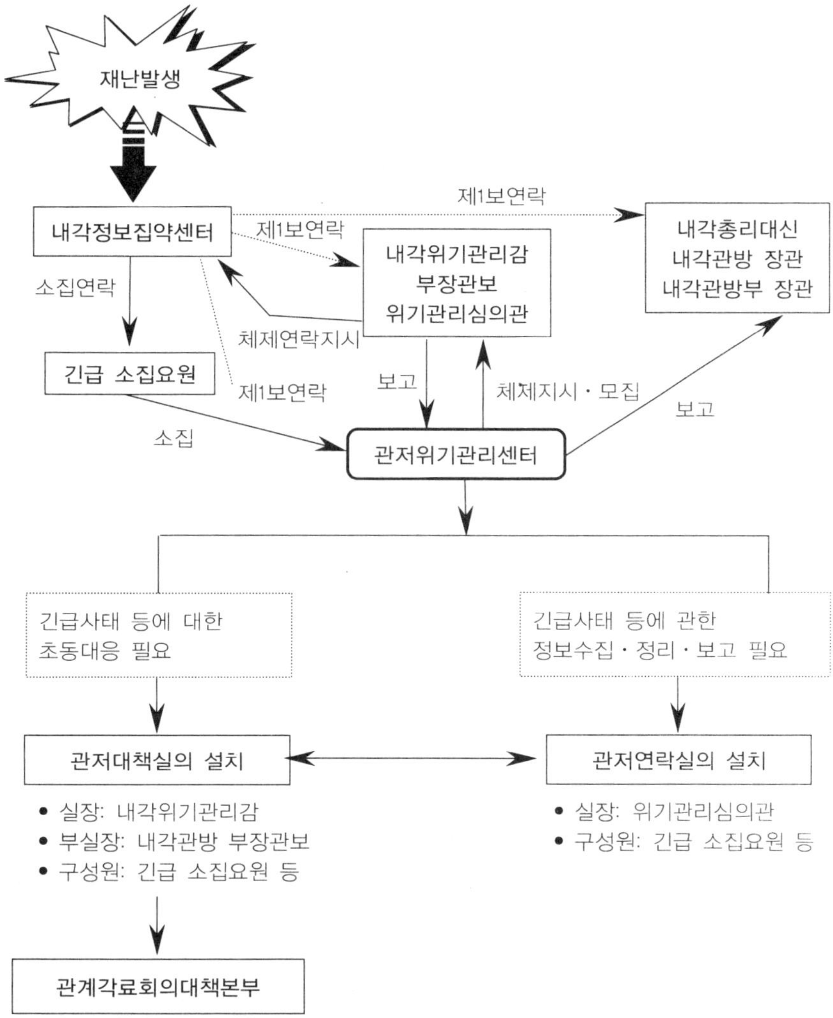

자료: http://www.cas.go.jp

[그림 3-8] 일본의 재난 초동대응 체계

재해대책본부의 구성과 임무[12]는 다음과 같다.

- 본부장과 부본부장
  - 본부장은 당해 지역의 지방자치단체장이 담당하며, 본부의 사무를 총괄하고, 본부원의 지휘감독, 응급대책 실시상의 중요 사항에 대한 기본방침 결정 등의 역할을 수행함.
  - 부본부장은 부자치단체장이 담당하며, 본부장을 보좌하거나 본부장 유고시 본부장을 대신함.
- 본부원
  - 본부장의 명을 받아 소관업무를 수행함과 동시에 본부장 및 부본부장과 함께 본부회의를 구성하고, 재해응급대책에 관한 기본방침을 심의함.
  - 본부원은 각부의 장, 각 구재해대책본부장 그리고 본부장이 필요하다고 인정한 자 등으로 구성함.
- 본부장실
  - 본부장이 재해응급대책에 관한 기본방침을 심의하기 위하여 필요하다고 인정되었을 때 소집하여 회의를 개최함.
  - 회의는 본부장, 부본부장, 본부원 그리고 필요에 따라 중앙정부와 인접 지방자치단체 및 유관기관의 관계직원, 전문가 등으로 구성됨.
- 본부연락원
  - 국장 및 국 소속의 과장급을 지명하여, 본부장실 및 국 상호간의 연락 조정을 담당함.
  - 국장 및 지방대의 명을 받아 국 및 지방대의 사무를 담당함.

재해대책본부장실의 구성 및 소관사무의 내용은 <표 3-10>과 같다.

---

12) 서울특별시 소방방재본부(2007: 44-50).

▶ 표 3-10 ◀ 일본 재해대책본부장실의 구성 및 소관사무

구 분	내 용
구성	본부장실은 다음의 자로 구성됨. 1. 재해대책본부장 2. 재해대책부본부장 3. 재해대책본부원 4. 재해대책본부 파견원
소관사무	본부장실에서는 다음의 사항을 본부의 기본방침으로 심의 책정함. 1. 도본부의 비상대비태세 및 폐지에 관한 사항 2. 중요 재해정보의 수집 및 전달에 관한 사항 3. 피난의 권고 또는 지시에 관한 사항 4. 재해구조법의 적용에 관한 사항 5. 구시정촌의 상호 응원에 관한 사항 6. 국장, 지방대장 및 구시정촌장에 대한 사무의 위임에 관한 사항 7. 자위대에 대하여 재해 파견의 요청에 관한 사항 8. 정부기관, 타 부현시 및 공공기관에 대한 응원 요청에 관한 사항 9. 공용명령서, 공용부담에 관한 사항 10. 재해대책에 요청되는 경비와 처리에 관한 사항 11. 상기 이외에 중요 재해대책에 관한 사항
서무	본부장실의 서무는 총무국 지령정보부 지령과(총무국 재해대책부)에서 행함.

자료: 서울시정개발연구원(2004).

5) 일본 재난관리 업무시스템

일본은 재해로부터 국토를 보전하고 국민의 생명과 재산을 지키기 위하여 중앙정부, 광역지방자치단체(道都府縣), 기초지방자치단체(市町村) 및 주민이 일체가 되어 종합적인 방재체제를 구축하고 있다. 먼저 중앙방재회의를 설치하여 방재기본계획을 수립하고 각 성·청 등 관련부처(지정행정기관), 일본전기전화주식회사, 전력회 등 관련 산하기관(지정공공기관)들이 담당업무와 관련한 방재업무계획을 수립하여 구체적인 대책을 실시하고 있다.

▶ 표 3-11 ◀ 일본의 방재업무체계

발생 단계	내	용
재해발생 전	경계	기상예경보, 재해예경보, 경고 등 발령
	피난	권고, 지시, 유도 등의 실시
	공공시설 등의 방호	점검, 강화 등의 실시
	사전조치	소방, 수방, 피해자의 구난, 구조 출동준비
재해발생 중	소방 및 수방	소화·구급·기타 조치 및 수방활동 실시
	구난, 구조의 실시	인명구조, 구호, 보호 등의 실시
	경비	범죄예방, 교통통제 등의 실시
	긴급수송의 확보	긴급차량의 지정, 장애물의 제거 등의 실시
	정보의 수집전달	긴급통신체제의 확립 유지
재해발생 후	이재자 구조 및 구호	수색, 구조 및 의식주 생활필수품의 공급
	응급교육	이재아동, 학생 응급교육
	공공시설 등 응급복구	시설, 설비의 응급복구
	보건위생	청소, 방역, 의료 등의 실시
	사회질서의 유지	범죄의 예방, 교통의 통제 등 실시
	긴급수송의 확보	구호물자의 수송 등
	정보의 수집전달	재해관련 정보수집, 전달, 홍보
	손실보상	응급공공부담에 관한 손실보상, 실비변상
	손해보상	응급조치 종사자에 대한 손실보상
	공적 징수금 감면	피해자의 국세, 지방세, 기타 징수금 감면 등
	재산의 무상 대부	국유, 공유재산 무상 대부 등

자료: 서울시정개발연구원(2004).

▶ 표 3-12 ◀ 일본의 방재업무 적용 법률과 방재계획체계

<table>
<tr><th>근거법률</th><th>계 획</th><th>주요 내용</th><th>작성 주체</th></tr>
<tr><td>재해대책 기본법</td><td>방재기본 계획</td><td>방재체제의 확립, 방재사업의 촉진, 재해부흥의 신속・적절화, 방재에 관한 과학기술의 연구추진 및 방재업무계획, 지역방재계획에 있어서 중점 사항에 관한 기본적 방침</td><td>중앙방재회의</td></tr>
<tr><td rowspan="3">재해대책 기본법</td><td rowspan="2">방재업무 계획</td><td>지정행정기관 소관사업에 관해 방재에서 다루어야 할 조직 및 지역방재계획 작성 기준이 되어야 할 사항</td><td>지정행정기관장</td></tr>
<tr><td>지정공공기관의 업무에 관한 사항</td><td>지정공공기관</td></tr>
<tr><td>도도부현 지역방재 계획
・
시정촌 지역방재 계획</td><td>- 당해 지역 방재기관이 방재에 관하여 처리하여야 할 사무 또는 업무
- 당해 지역 방재시설, 재해예방, 정보수집・전달, 예경보, 재해응급, 복구대책에 관한 계획 및 이 조치에 필요한 노무, 시설, 설비, 물자, 자금 등의 정비, 축, 조달, 배분, 수송, 통신 등에 관한 계획</td><td>도도부현 방재회의

시정촌 방재회의
시정촌장</td></tr>
<tr><td>대규모 지진대책 특별조치법</td><td>지진방재 기본계획</td><td>- 경계경보가 발해진 경우에 국가의 지진방재에 관한 기본적 방침
- 지진방재강화계획, 지진방재응급계획에 기본이 되어야 할 사항</td><td>중앙방재회의</td></tr>
<tr><td rowspan="2">대규모 지진대책. 특별조치법</td><td>지진방재 강화계획</td><td>- 경계경보가 발해진 경우 실시하는 지진방재응급대책과 관련된 조치에 관한 사항
- 피난지, 피난로, 소방용 시설 등 지진방재상 긴급한 정비가 필요한 시설 등의 정비에 관한 사항
- 방재훈련 및 지진방재상 필요한 교육 및 홍보에 관한 사항</td><td>- 지정행정기관의장
- 지정공공기관
- 도도부현 방재회의
- 시정촌 방재회의 또는 시정촌장
- 석유컴비나트 등 방재본부
- 석유컴비나트 등 방재본부협의회</td></tr>
<tr><td>지진방재 응급계획</td><td>- 경계경보가 발해진 경우 실시하는 지진방재응급대책과 관련된 조치에 관한 사항
- 방재훈련 및 지진방재상 필요한 교육 및 홍보에 관한 사항</td><td>- 병원, 극장, 백화점 등의 시설, 석유류, 화약류 등을 취급하는 시설 등의 관리・운영자</td></tr>
<tr><td>석유 컴비나트 등 재해방지법</td><td>석유 컴비나트 등 방재계획</td><td>- 석유컴비나트 등 특별방재구역에 대해 취하여야 할 방재체제 및 조직, 재해예방대책, 재해응급대책 등</td><td>- 석유컴비나트 등 방재본부
- 석유컴비나트 등 방재본부협의회</td></tr>
</table>

자료: 서울시정개발연구원(2004).

① 예방체계

일본에서는 재해에 대한 대비를 각 지방정부와 지정행정기관별로 수행하고 있으며, 위험 분야별 지정공공기관이 필요한 예방활동을 하고 있다. 한편, '방재에 관한 연구개발 기본계획'에 근거하여 장기적인 관점에서 종합적인 과학기술의 연구를 다음과 같이 추진하고 있다.

▶ 표 3-13 ◀ **일본 방재 과학기술연구 추진 내용**

연구 분야	연구 내용
자연현상의 규명 · 예측	지진예지, 화상분화예지 및 집중호우, 폭우, 태풍 등 예측
지반재해의 방지 기술	내진기술, 해일 및 지진에 따른 지반재해 방지기술
기상재해의 방지 기술	홍수, 설해의 방지기술, 해안보전 및 이상기상의 대응기술
종합재해에 관한 기술	도시방재기술, 지친 시 수송기관의 제어기술, 2차 재해방지기술, 재해 시 인간행동 대응기술

자료: 서울시정개발연구원(2004).

② 대응체계

재해와 기타 안전을 위협하는 사고가 발생하면 원칙적으로 시정촌이 일차적인 책임을 맡게 되며, 각 현에서 중앙정부의 정책을 반영하여 재해대책 및 정책을 총괄 조정한다. 지방자치단체는 자주방재조직을 활성화하기 위해 기존의 자치조직을 활용하고, 지역주민의 참여를 적극 유도하고 있다. 또한 재해발생 위험이 높아지게 되면 주의보 · 경보가 발령되며, 상황에 따라 대기 · 준비 · 출동 · 경계 · 해제경보가 단계별로 발령된다. 또한 대규모지진대책특별조치법에 기초하여 지진재해에 관한 경계선언이 내려진 경우에 국가 및 지방자치단체는 여러 종류의 지진재해경계본부를 설치하여 지진방재응급대책을 실시한다. 일본은 그동안 많은 재해 및 재해대응 경험을 통해 긴급구조체계를 잘 정비해 놓았다.

- 1963년 소방법의 개정으로 모든 시 · 정 · 촌의 구급대 설치 · 운영을 의무화하고, 1964년 구급병원 등을 정하는 법령을 제정하여 소

방법과 관련한 구급병원과 구급진료소의 지정기준을 마련하였음.

- 1989년 기준 시·정·촌은 3,245개인데, 이 중 구급대가 설치된 시·정·촌은 3,037개로서 94%를 차지하며, 그 해에 구급대는 259만 3,753명을 이송하였음.
- 법령상의 구급대 설치 기준을 살펴보면, 구급대는 구급 자동차 1대와 구급대원 3인 이상으로 구성되어 있고, 인구 15만명 이하 시·정·촌은 인구 5만명당 구급대 1개씩 설치하고, 인구 15만명 초과 시·정·촌은 15만명에서 초과인구 7만명당 1개씩 설치하도록 의무화하고 있음.

③ 지원체계

일본은 재해발생시 공공시설 등에 대해서는 국가가 직접 또는 보조에 의한 재해복구 사업을 실시한다. 또한 피해 농림업자, 중소기업자, 주택피해자 등에게 자금을 융자하고, 재해를 당한 지방자치단체에는 지방교부세와 지방세에 의한 조치를 강구한다.

일본은 재해에 대한 시설복구뿐만 아니라 피해자에 대한 융자지원, 재정제도, 보험공제제도, 세제 등이 잘 정비되어 있다.

- 피해복구사업은 법률규정에 따라 실시되는 법률보조와 예산이 정하는 바에 따라 실시되는 예산보조로 나누어지며 피해를 입은 개인에 대한 구제조치로서 조위금, 각종 자금대부 등의 융자, 원호조치 외에 재해관련 손해보험 및 각종 공제에 의한 손실보상제도가 있다.

또한 피해가 심한 경우에는 재해에 대응하기 위하여 특별재정원조 등에 관한 법률을 기초로 『격심(激甚)재해법』을 지정하여 재해복구사업에 대한 국고보조율의 인상과 피해자에 대한 재해융자의 대부 조건을 완화하는 등의 특별조치를 강구한다.

- 격심재해법은 1962년에 법안이 제정되어 현재의 『격심재해에 대처

하기 위한 특별재정원조 등에 관한 법률』이 성립되었음.

- 격심재해법 제2조에 의하면 국민경제에 현저한 영향을 미치는 재해에 있어, 당해 재해에 의한 지방재정 부담을 완화하고 또한 피해자에 대하여 특별지원을 행할 필요가 있다고 인정되는 경우에는 당해 재해를 격심재해로 지정하고, 아울러 법이 정한 특별조치 내에서 그 격심재해에 대한 적용 방법을 지정하는 것으로 되어 있다.

격심재해법에는 공공토목시설 재해복구사업 특례조치, 농지 등의 재해복구사업 특례조치, 농림수산업 공동이용시설 재해복구사업 특례조치, 천재융자 특례조치, 직·간접적인 특례조치, 삼림재해복구사업 특례조치, 중소기업관계 특례조치, 공립사회교육시설 재해복구사업특례조치, 시정촌의 전염병 예방사업 특례조치, 이재민공영주택 건설사업 특례조치, 소재해 관계 특례조치 등이 규정되어 있다.

또한, 격심재해 지정기준 및 적용조치에는 재해발생 후 문부, 후생, 농림수산, 통상산업, 건설 등의 관련 각 성·청이 피해액들을 소관 사항별로 파악한 후에 피해상황을 정리하고 국토청에서 격심재해 해당 여부와 어느 조항의 조치를 적용할 것인가에 대해 법령의 원안을 작성한 후 각의를 거쳐 법령을 공포, 시행하는 것으로 되어 있다.

3. 미국과 일본 재난대응 사례분석의 정책적 시사점

지금까지 재난관리에 있어 선진국인 미국과 일본의 재난관리 관련 법률과 조직체계, 재난대응 방식, 프로그램을 살펴보았다.

미국과 일본의 재난관리시스템을 비교하여 살펴보면 <표 3-14>와 같다.

주요 선진국들의 경우, 각 국가마다 재난대책과 민방위에 대한 개념은 사회적·지리적·경제적인 여건과 역사적 배경에 따라 다르다. 대부

▶ 표 3-14 ◀ 국가별 재난관리 시스템 비교

구분	미 국	일 본	한 국
기본법	STAFFORD법	재해대책기본법	재난 및 안전관리 기본법
중앙조직	DHS- FEMA	중앙방재회의	소방방재청
지방조직	지방 위기관리국(EMA) 방재담당 부서 방재담당 세부 부서	내각부 (중앙방재회의, 전문조사회, 간사회)	지방자치단체 방재 담당 부서 소방본부 및 소방서
재난관리 방식	부처(FEMA)를 중심으로 한 통합적 관리 방식(네트워크 확립)	각 성·청별 재난관련 업무를 수행하는 유형별 분산재난관리 방식	부처를 중심으로 한 분산적이며 부분적 통합관리 방식(네트워크 미비)
정보연계 프로그램	NEMIS(국가비상관리정보시스템) BRM(정부기능연계모델)	재해유형별 재난관리시스템(지진 및 쓰나미, 우량 및 적설량, 무선통신망)	NDMS (국가재난관리시스템)
재난 발생시	지방자치단체가 일차적으로 대응하고, 규모가 클 경우 연방정부에서 지원	자치단체가 일차적으로 대응하고, 총리주재 비상재해대책본부나 긴급재해대책본부 설치	해당 자치단체가 대응하나 일차적 책임이 불분명하고, 대규모 재난 시 요청에 따라 지원함.

분의 국가에서는 재난대책과 민방위의 개념이 모두 민방위(civil defence)의 개념에 포함되는 경우가 많고, 법률에 의해 양자를 긴급사태로 설정하고 그 대응책으로 긴급사태관리를 하도록 규정되어 있다. 앞서 살펴본 바와 같이 미국은 모든 재난에 대하여 일괄적으로 대응하는 체제를 갖추고 있으며, 일본은 재난의 종류별로 개별적으로 대응하는 형태를 유지하고 있다.

재난관리행정에 관한 미국과 일본의 사례를 분석하면서 공통적인 특징으로 지적할 수 있는 것은 국가 차원의 관심과 투자를 지속적으로 추진하여 왔고, 또한 국민의 생명을 중시하여 긴급구조 및 긴급의료체제가 짜임새있게 구비되어 있다는 것이다.

미국은 인적 재난과 자연재난을 총괄하는 대통령 직속조직을 구성하여 부처별로 분산되어 있는 기능을 통합·조정할 수 있어 강력하고 효과적인 재난대응이 가능하다. 또한, 재난에 대한 일차적 책임을 지방정부에 일임하고, 대규모 재난에 대해 중앙정부가 인력과 예산을 지원함으로써 중앙과 지방간의 역할분담을 명확히 하여, 효율적인 재난관리가 이루어지고 있다. 그리고 재난관리기관에 충분한 예산 부여와 전문인력을 구성하여 재난에 효과적으로 대응할 수 있는 체제가 구축되어 있으며, 기초연구부터 실무연구를 수행하는 연구기관과 다양한 교육 및 훈련 프로그램을 마련하여 재난피해의 경감을 위한 적극적이고 장기적인 대책을 시행하고 있다.

반면에 일본은 각종 재난관련 조직이 분산되어 있지만 내각제의 특성을 살려 총리부에서 중앙정부의 재난관련 각종 사고에 대비한 조직과 기능을 총괄·운영하고 있다. 또한, 적절한 법률과 조례를 통해 재난의 사전예방대책 수립과 조직의 기능을 극대화하고 있으며, 재난에 대한 최우선대책인 예방대책의 수립을 위해 국가연구기관은 물론 대학연구기관에서 재난에 대한 다양한 연구를 하고 있다.

다시 말해서, 미국 재난관리의 특징은 재해·재난에 대한 부처(FEMA)를 중심으로 한 통합적 관리 방식이라고 할 수 있다. 원활한 조정과 협조체계가 갖추어진 통합적인 조직과 국가비상관리정보시스템(NEMIS)에 의한 체계적이고 일관성있는 관리가 미국의 방재체계와 관리에 있어 가장 중요한 점이다. 재해·재난이 많은 일본에서 또한 지방자치단체가 일차적으로 대응하고, 비상대책본부가 설치된다. 무엇보다도 재난·재해 유형별 방재시스템을 구축하여 피해를 최소화하는 관리방식이 특징적이며, 재난발생시 민·관 협력 체계, 신속한 정보네트워크 구축 등 신속한 대응체계의 확립이 주요 특징이라 할 수 있다.

미국과 일본의 재난발생시 초동대응에 대한 재난관리체제의 시사점을 살펴보면 다음과 같다.

첫째, 미국과 일본의 경우, 재난발생시 초동대응에 위성통신망 등 첨단과학기술을 이용한 방재정보 전문시스템을 운영하고 있으며, 각종 시스템의 전문인력을 확충하여 종합관리체계를 구축하게 된다.

둘째, 재난발생시 재난상황에 대한 실시간 상황보고 및 정보제공 서비스를 실시하고, 관계기관의 재난관리 정보를 공유하여 네트워크를 구축하고 있다.

셋째, 무엇보다도 재해 및 재난발생시 피해를 최소화하기 위해서는 신속하게 대응할 수 있도록 책임을 명확히 하고 있다. 재난에 대한 일차적 책임을 지방정부에 일임하고, 대규모 재난이 발생하면 중앙정부가 인력 및 예산을 지원하여 중앙정부와 지방정부간의 역할분담을 명확히 하여 효율적인 재난관리가 이루어지고 있다.

우리나라도 재난대비 관련 시스템의 외형적인 면을 갖추었다고 할 수 있지만 가장 기본적인 관계기관간의 이해와 협조를 통한 네트워크 확립과 지방자치단체가 재난관리의 일차적인 책임을 질 수 있도록 하는 기반 여건을 갖추도록 많은 노력을 기울여야 할 것이다.

재난관리에 대한 선진국과 후진국의 구분점을 말한다면, 선진국에서는 사전예방을 최우선 행정으로 규정하고 이를 단계적으로 추진한다는 점이며, 후진국은 피해발생 이후 수습과 복구를 위주로[13] 위기를 관리한다는 점이다. 이러한 문제는 경제성장 위주의 정책으로 후진국은 재난관리에 경제력을 투입할 여력이 없다는 논리를 내세우지만 사전예방이 사후수습보다 훨씬 경제적이라는 점(심재현, 2003)에서 재난관리 능력의 향상은 매우 중요한 의미를 갖는다.

13) 한국 방재 인프라 구축예산은 체계적인 예방투자보다는 비용을 유발하는 사후복구에 치중되어 있다. 2003년 방재관련 예산 총 14조 4,097억원 중 예방예산(5조 2,434억)은 복구예산(6조 7,400억원)의 78%에 불과하다. 반면 방재 선진국인 일본(2000년)의 경우에는 총 4조 1,500억엔 중 예방예산(1조 100억엔)이 복구예산(6,900억엔)의 146%에 달하고 있다(소방방재청, 2004: 18).

제4장

지방자치단체의 재난대응 사례

1. 강릉 지역 최근 자연재난 발생 현황

> ▪ 강릉시는 대관령의 사면을 따라 상승하는 기류가 대기불안정을 가속화시켜 국지적인 집중호우를 강화시킴으로써 수해를 확대시키는 원인이 되고 있다.
> ▪ 가파른 산자락이 바닷가의 협소한 평지와 맞닿아 있으며, 상류부는 전형적인 산지하천으로 양안이 암반으로 구성되어 심한 만곡수로를 형성하고 있는 반면 하류는 비교적 완만한 흐름을 유지하고 있다.
> ▪ 집중호우로 경사가 급한 산 사면에 산사태가 발생되어 다량의 토사와 부유목이 하천으로 유입되고, 하상이 높아지며, 유속이 차단되는 것이 수해발생의 원인이 되기도 한다.
> ▪ 최근 지구온난화에 따라 과거 기록에서는 찾아볼 수 없는 기상 이변이 속출하고 있으며, 2001년 「가뭄」, 2002년 태풍 「루사」, 2003년 태풍 「매미」, 2004년 태풍 「메기」, 2005년 태풍 「나비」, 2006년 「강풍, 호우, 풍랑」, 2007년 「지진」, 「황사」 등 해마다 자연재난이 끊임없이 발생하고 있다.

1) 2002년 태풍 「루사 RUSA」

▪ 2002년도 수해는 7.4~7.6 태풍 "라마순", 8.5~8.8 집중호우, 8.31~9.1 태풍 "루사" 등 3회에 걸쳐 발생하였다.

▪ 태풍 "루사"에 의한 피해가 가장 극심하였는데, 8월 31일 강수량이

자료: 네이버 블로그; 연합뉴스, (2002/9/3)의 재구성.

[그림 4-1] 태풍 루사 피해

강릉 870.5㎜(종전 305.5㎜/54년 9월 14일)를 기록하여 전국 기상관서의 기상관측 이래 가장 많은 양이 기록되었다.

- 이로 인하여 2002년도에는 사망 46명, 실종 5명, 부상 17명 등 총 69명의 인명 피해와 7,155세대 23,384명의 이재민이 발생되었으며, 8,000억원(공공시설 5,315억원, 사유시설 2,685억원)에 달하는 막대한 재산피해가 발생되었다.

2) 2003년 태풍 「매미 MAEMI」

- 2003년도 수해는 8.23~8.25 집중호우, 9.11~9.13 태풍 "매미" 등 2회에 걸쳐 발생하였다.
- 태풍 "매미"는 2002년도의 수해복구공사가 채 마무리되지 않은 상태에서 강타하여 또 다시 많은 피해를 발생시켰는데, 이 기간 강릉지방은 358㎜의 강우량으로 태풍 "루사" 때 강릉 870.5㎜와 비교하면 적은 양이지만, 강릉시 왕산면 지역에 2003. 9.13. 02:00~03:00까지 시우량 48㎜를 기록하여 일시에 많은 양의 빗물이 흐르면서 산사태 및 하천범람을 가져왔다.
- 2003년 9월 태풍 "매미" 당시 제주 고산에서 순간 최대 풍속이 초

자료: 네이버 블로그; 연합뉴스, (2003/9/12)의 재구성.

[그림 4-2] 태풍 매미 피해

속 60m를 기록하여, 미국 합동태풍경보센터(JTWC)가 슈퍼태풍으로 정의하는 초속 65m에는 미치지 못했지만 이 정도 이상의 태풍이 언제든지 올 수 있다는 가능성을 확인했다.

- 2003년도에는 태풍으로 하여금 사망 2명, 실종 1명, 부상 1명 등 총 4명의 인명피해와 353세대 1,292명의 이재민이 발생되었으며, 2,306억원의 재산피해가 발생되었다.

3) 2004년 태풍 「메기 MEGI」

- 2004년 수해는 8.18~8.19일 이틀 동안의 태풍 "메기"가 1회 발생하였다.
- 2002년 "루사", 2003년 "매미"에 이어 2004년 태풍 "메기"가 엄습하여 강릉 315㎜의 강우량으로 태풍 "매미"와 비교하면 다소 적은 양이지만, 강릉시 강동면 지역에 2004.8.19 08:00~09:00까지의 시우량 68㎜를 기록하는 등 단시간 내에 많은 비가 내려 4세대 14명의 이재민이 발생되었으며, 11,627백만원의 피해가 발생되었다.

4) 2005년 태풍 「나비 NABI」

- 2005. 8.29일 21시경 미국 괌(GURM) 동북동쪽 약 1,210km 부근 해상에서 발생한 제14호 태풍 나비는 9.6~9.8 동해안을 지나 다행히 9월 8일 15시경 일본 삿포로에서 온대성 저기압으로 약화되었다.
- 태풍 나비로 인한 피해는 동해안과 울릉도 지역에 집중되었는데, 울릉군 서면에 467mm의 강우와 더불어 순간최대풍속 47.3m/s(시속 170km)의 강풍이 관측되었다.

▶ 표 4-1 ◀ 연도별 재난발생 및 복구비 현황 (단위: 백만원)

연도	발생일자	발생원인	피해금액	복구금액				
				계	국비	도비	시비	기타
1996	소계		409	395	55	9	14	317
	2.16~2.22	폭설	269	269				269
	6.20~6.30	폭풍우	140	126	55	9	14	48
1997	1.01~1.08	폭풍설	3,522	1,452	284	114	114	940
1998	소계		3,462	5,217	1,333	708	1,037	2,139
	1.14~1.16	폭풍설	1,404	2,129	296	48	54	1,731
	7.25~7.27	집중호우	2,058	3,088	1,037	660	983	408
1999	소계		2,213	3,118	1,023	570	638	887
	9.19~9.24	태풍앤, 바트	1,396	1,693	351	320	263	759
	7.31~8.04	태풍올가	817	1,425	672	250	375	128
2000	9.13~9.16	태풍사오마이	4,839	3,392	982	264	360	1,786
2001	10.9~10.12	폭풍우	1,600	2,095	248	80	441	1,326
2002	소계		801,906	975,629	662,365	49,846	72,416	191,002
	7.05~7.06	태풍라마순	627	640	510	52	78	
	8.05~8.08	집중호우	1,244	1,977	1,052	371	445	109
	8.31~9.01	태풍루사	800,035	973,012	660,803	49,423	71,893	190,893
2003	소계		230,732	336,879	260,738	24,788	37,869	13,486
	8.23~8.25	집중호우	140	125	61	6	9	49
	9.11~9.13	태풍매미	230,592	336,754	260,677	24,782	37,858	13,437
2004	소계		12,050	32,253	22,638	3,677	4,835	1,103
	4.26~4.28	폭풍우	423	418		26	39	353
	8.18~8.19	태풍메기	11,627	31,835	22,638	3,651	4,796	750
2005	소계		22,494	40,135	378	6,410	9,578	2,207
	3.4~3.5	대설풍랑	521	410	106	17	25	262
	6.30~7.1	호우, 강풍	93	107	46	5	7	49
	9.4~9.8	태풍나비	82	880	160	32	48	640
	10.21~10.24	강풍, 풍랑	762	885	66	133	15	671
	12.3~12.7	풍랑, 강풍	154	154	(0.221)	100	20	34
2006	소계		20,882	37,699	15,586	6,123	9,463	551
	7.14~7.20	집중호우						
	10.22~10.24	호우, 풍랑						

※ 기타: 의연금, 자부담, 융자금액 등.

5) 2006년「집중호우, 풍랑, 강풍」

- 7월 집중호우: 2006. 7.14 ~7.20(7일간)
  - ○ 총강우량: 강릉 399㎜(왕산면 575㎜)
  - ○ 최대 시우량: 강릉 38㎜(왕산면 도마리 75㎜)
- 10월 호우, 풍랑, 강풍: 2006. 10.22~10.24(3일간)
  - ○ 총강우량: 강릉 289㎜(옥계면 306㎜)
  - ○ 최대시우량: 강릉 62㎜(옥계면 산계리 64㎜)
  - ○ 최대순간풍속 :강릉,주문진 37.1m/s(속초시 63.7m/s)

10월 강풍의 순간풍속은 속초 63.7m/s, 강릉, 주문진 37.1m/s, 향로봉 35.7m/s로 최대 63.7m/s의 바람의 속도는 최근 유래 없던 기록이다. 주문진항으로 들어오던 오징어 채낚기 어선이 입항하지 못하고 좌초하는 사고까지 발생하였다(최기순, 2007: 9-12).

앞서 살펴본 강릉시의 자연재난 사례의 발생에 따른 복구비를 살펴보면, 그 피해의 규모와 재난관리의 중요성을 짐작할 수 있다(<표 4-1> 참조).

2. 태풍 “루사”에 대한 초동대응 사례

1) 기상청의 시간별“루사”관련 발표 기상정보

제15호 태풍 “루사”가 서태평양 괌섬 인근 해상에서 열대 저기압에서 소형태풍으로 발전(8월 26일) 후, 기상청은 [그림 4-3]과 같이 시간대별 기상자료를 발표하였다. 기상특보와 보도자료를 기준으로 판단할 때 기상청과 강원지방기상청은 태풍 “루사”가 한반도에 상륙하기 이전에 수차례 그 위험성을 경고하고 있는 것을 알 수 있다. 특히 '02년 8월 29일 09시에는 중심기압(950hPa), 풍속(41m/s)로서「강」한「대형」태풍임을

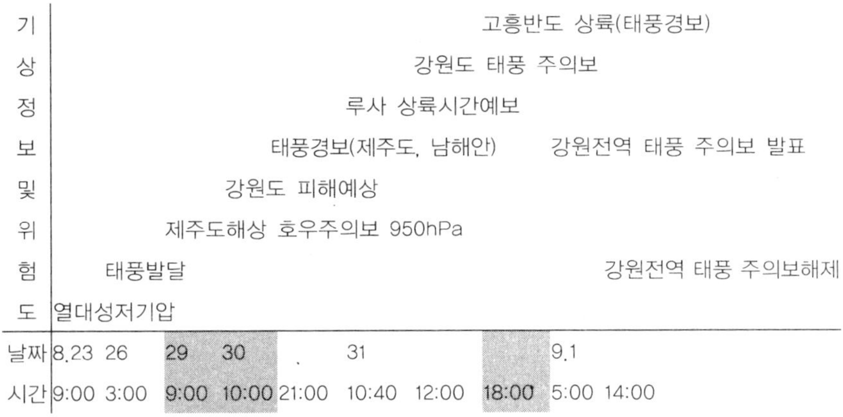

자료: 김경남, 2007: 57.

[그림 4-3] 시간대별 기상자료 발표 내용

발표하였고, 8월 30일 10시에는 보도자료를 통하여 "태풍 루사 강원도에 큰 피해예상"이라는 발표를 하면서 피해 가능성을 재차 강조하였다. 이에 따르면 최소 12-24시간 이전에 이미 피해 가능성은 충분히 예보된 측면이 있다(김경남, 2007).

2) 중앙 및 도 재해대책본부의 시간별"루사"대응 체제

"루사" 당시의 각 지자체 재해대책본부의 근무태세는 8월 29일 09시의 1단계 준비체제 발령 이후, 경계 및 비상체제는 동일한 시간에 중앙과 강원도 재해대책본부의 근무태세가 결정되었다(그림 4-4). 2단계 경계체제는 8월 30일 09시로서 대략 본격적인 피해 발생 24시간 전이며, 3단계 비상체제는 동일 아침 05시로서 대략 6시간 전에 마지막 재해예방 강화활동을 지시하고 있다. 이와 같은 중앙재해대책본부와 도 재해대책본부의 조치에도 불구하고, 도내 시·군의 경우에는 이번 연구를 통하여 8월 31일 비상체제 발표 이전의 공식 작성된 자료를 확보하지 못하

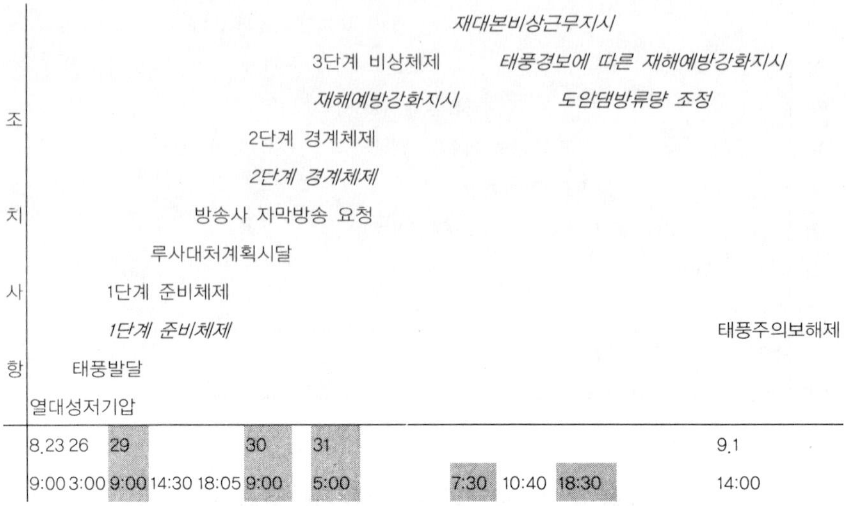

자료: 김경남, 2007: 58.

[그림 4-4] 시간별 재대본의 근무태세 및 조치사항(강원도, 중앙)

였다. 특히 관련 자료가 일부 수집된 시·군의 경우라고 하더라도 시군 재해대책본부의 실제 대응은 3단계 비상체제가 발표된 직후부터 그 대응 내용이 나타나고 있다(김경남, 2007).

3) 시군 재해대책본부의 시간별"루사"대응 체제

8월 30일 저녁부터 8월 31일 05시까지의 중앙 재해대책본부와 도 재해대책본부가 긴박하게 관련 지시를 하달하였으나 재해발생 불가측성, 막연한 피해 제외 기대심리 및 당시 시간대가 야간이라는 제약점 때문에 시군 현장에서는 실제 재해저감활동이 본격적으로 이루어지지 않았다. 동해시의 경우 8월 31일 07:30부터 10:40분까지는 관련 부서 중심의 대응체제였으나 전면적 피해사항이 보고되는 10:40분 강원도 재해대책본부의 "태풍경보에 따른 재해예방강화지시" 이후 전자게시판을 이용한

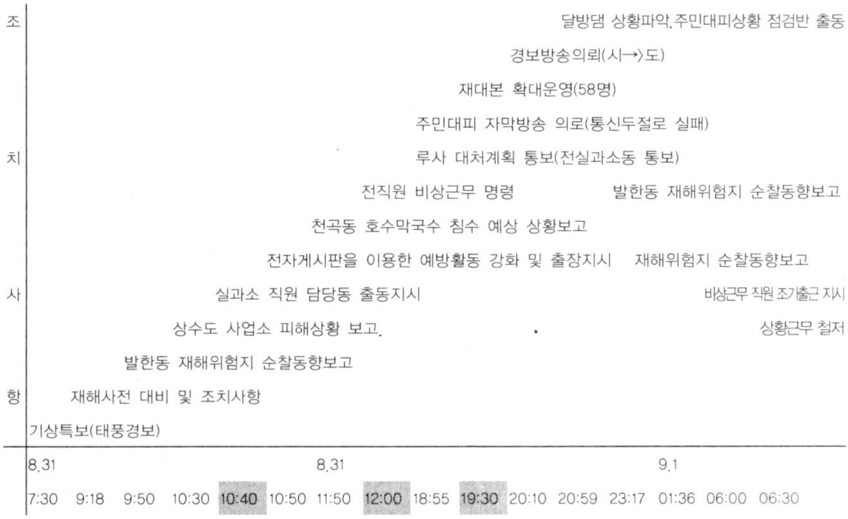

자료: 김경남, 2007: 59.

[그림 4-5] 동해시의 초기대응 사례

방재활동 강화 및 현지출장 지시가 발령되었고, 동일 12:00경이 되서야 전 직원 비상근무 명령이 발령되어 총체적 대응체제로 전환된 것을 알 수 있다(그림 4-5).

4) 동 단위의 고립 지역 긴급대응 및 응급복구(동해시 삼화동[1])

□ 개요

- 태풍 "루사"로 인해 삼화동 지역의 국지적 강우강도가 657mm/day 에 달함

---

1) 본 대응사례는 김경남(2007)에 의하여 그 당시의 상황이 비교적 객관적으로 연구된 동해시의 사례를 선정하였다. 비록 동해시의 대응사례이기는 하지만 강릉시와도 큰 차이점은 없는 것으로 판단되어 분석의 한계점은 존재하지만 김경남의 연구를 중심으로 분석하고자 한다.

- '02.08.31 14:00 삼화동 지역 송전선로의 전주 전도로 인한 정전발생
- '02.08.31 15:00 유선통신 불통과 함께 무선중계소 훼손으로 무선통신 불통
- '02.08.31 15:30 42번 국도 두절(북삼-삼화간 구간)과 삼화교량 붕괴 위험으로 차량통제 실시
- '02.08.31 동 직원 2명이 현지 출장하여 주민대피권고(삼화초교, 쌍용연수원, 쌍용아파트, 동사무소, 삼홍체험 학습장)

□ **일반 현황**

- 세대 및 인구: 1725세대, 5,060명(통반조직 17개통 70개반 공무원정원 8명)
- 면적: 90.33㎢

□ **주요 대처 유형**

삼화동 지역은 상습수해 지역으로서 8.31 14:00 이후 상황이 악화되자 동 직원과 파출소 직원은 상호 협조를 통하여 주민경계 및 대피안내 업무를 수행하게 되었으며, 피해원인 종료 직후에는 통신, 교통의 마비에도 불구하고 고립현상을 탈피하기 위하여 자체 복구노력을 순차적으로 수행하였음(그림 4-6).

- 삼화동 관내 상황 파악 및 상황 유지(유무선 활용, 관내 순찰)
- 주민 홍수경계, 대피권고 및 대피안내
- 위험상황에 직면하여 동민의 안정과 홍수위험을 경계토록 가두방송, 마을앰프 방송, 가구방문
- 상황 악화에 따라 주민대피 권고 및 대피거부 노인 강제 대피
- 지정대피소 안내, 대피소 관리 및 주민안정 유도
- 사망자 처리(주민, 경찰과 협조하여 사망자 처리 진행)
- 이재민 구호(리, 통 ,반, 가구 별 피해현황 집계)

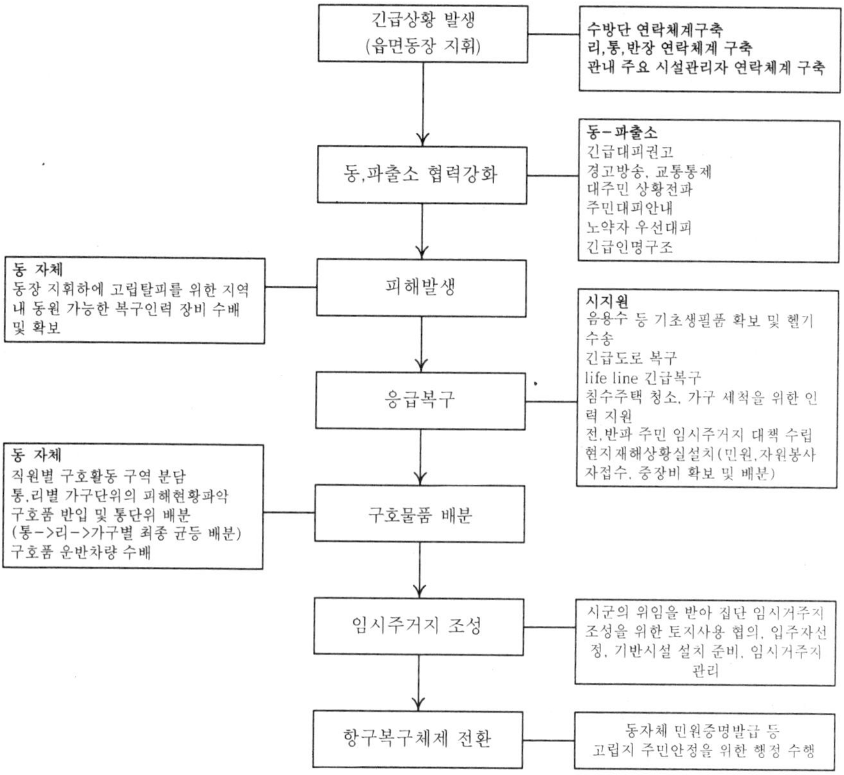

자료: 김경남(2007: 60).

[그림 4-6] 동해시 삼화동의 수해 대응

- 시로부터 지원되는 구호물품의 수령 및 통, 반 배분(음용수 등 기초생필품 위주)
- 직원별 구호활동 구역분담에 의하여 이재민 구호(차량 확보)
- 도로 응급복구(동내 확보 가능한 복구자원을 파악하고 긴급히 현장투입)
- 시의 재해 상황실 설치에 따른 민원접수, 자원봉사접수 및 복구장비 접수

- 항구복구체제로(각종 세금 및 사용료 감면용 민원증명 발급)

5) 재해대책본부의 지시사항

태풍 "루사"로 인한 도 재해대책본부의 비상근무체제 발령 이후 하달된 긴급지시사항의 내용을 분석해 보면 <표 4-2>와 같다. 사전조치 사항은 지역방재계획과 해당 부서의 업무수행 지침자료에 근거하여 조치될 수 있도록 선언적 형태로 되어 있으며, 주요 사항으로는 방재업무 수행을 위한 지휘부 및 산하 조직간의 상황전파, 수방시설물 점검, 취약지구 점검에 대한 지시로 구성되어 있다. 이러한 업무지시 형태는 당시의 재난관리 부서의 빈번한 인사이동 행태에 비추어 볼 때 장기근무자를 제외하고는 효과적으로 상황을 전파하고 방재행동으로 실천하기에는 곤란하지 않았나 하는 추론을 할 수 있다(김경남, 2007).

각 단위 재대본의 긴급지시사항과 "루사" 당시의 방재활동 실무 부서의 사례분석을 실시하였다(표 4-3).

평시와 예방체제 단계에서는 조직, 방재물자, 방재시설물에 대한 정비위주로 수행되며, 준비체제에서는 각 방재요소의 실태 점검이 실시되고, 경계체제에서는 수방시설의 가동, 취약지구 순찰, 수방자재의 배치 등 보다 실질적인 사항들이 수행되는 것으로 파악되었다.

비상체제에서는 각 단위기관이 총체적으로 대응하는 단계로써 운용가능한 모든 방재자원을 투입하여 재해피해를 경감하기 위한 노력을 수행하는 것으로 나타났다. 이러한 방재활동의 특징으로는 경험적 요소에 의지하는 경향이 크게 나타나 시군의 경우 재해대책본부의 통제관 또는 담당관의 풍·수해 대처 경험과 현지실정 이해 정도에 따라 효율성이 결정되는 것으로 파악되었다(김경남, 2007: 57-62).

▶ 표 4-2 ◀ 비상체제 이후 강원도 재해대책본부에 의해 하달된 긴급지시사항 사례

문서번호: 재방 13900-156('02. 08.31 05:00)
- 기관장 정위치 근무(필요시) 및 재해대책본부 비상근무 실시
- 산하유관기관에 특보전파, 농작물 보호조치, 각종 저수지 수문 및 제방점검
- 현재 공사중인 각종 건설사업장 안전관리, 저지대 침수예상 지역에 대한 사전조치
- 등산로 및 산간계곡 등의 야영객, 행락객 안전지대 대피조치
- 위험축대, 옹벽, 담장, 산사태예상지구의 예찰강화 및 접근 통제
- 기타 현지여건 및 관련특보에 따른 필요조치사항 등

문서번호: 재방 13900-157('02. 08.31 07:30)
- 기관장 정위치 근무 및 재해대책본부 비상근무 실시
- 수난구조장비 인력 등 지원요청 시 신속한 협조조치
- 경계구역별로 지정된 감시공무원 현지점검
- 재해위험지구별 관리책임자 현장관리, 재해 취약지 주민 사전대피
- 자동음성통보시스템 및 자동우량경보시설 가동상태 확인

문서번호: 재방 13900-158('02. 08.31)
- 배수펌프장 가동상태를 재점검 조치하고
- 시가지 내 하수도 맨홀 배수능력 제고를 위한 이물질 제거
- 읍면동 공무원을 총동원하여 재해취약시설 재점검 및 주민대피
- 자동음성정보시스템 및 자동우량경보시설 가동상태점검 및 운영에 익숙한 전담 공무원 배치로 유사시 대처할 수 있도록 준비
- 기습적인 집중호우에 대비하여 저지대 및 붕괴위험 지역 주민 사전대피 조치로 인명피해 예방
- 산간계곡, 휴양지 등의 등산객, 행락객, 낚시꾼 등에 대해 경찰관서와 협조 안전지대 대피조치

문서번호: 재방 13900-160('02. 08.31 15:30)
- 기관장 정위치 근무 및 재해대책본부 비상근무 실시
- 수난구조장비 인력 등 지원요청 시 신속한 협조조치
- 경계구역별로 지정된 감시공무원 현지점검
- 재해위험지구별 관리책임자 현장관리
- 재해취약주민 사전대피
- 자동음성통보시스템 및 자동우량경보시설 가동상태 확인
- 수계별 강우량, 수위분석 및 필요시 사전대피
- 배수펌프장의 즉각 가동상태점검 및 관리자 현장대기
- 행락객 철수 및 안전지대대피
- 수확기 농작물(특히 벼, 과수)에 대한 피해최소방안 강구조치
- 기타 현지여건 및 관련특보에 따른 필요 조치사항 등

▶ 표 4-3 ◀ "루사" 사례 분석을 통한 각 단계별 주체별 조치사항

"루사"	기상정보	체제	조치사항	주관	관련기관 협조 및 관리시설
8.23 열대성저기압	7-10월 (우기)	평시	구호물자 정비	해당 부서	소방 협조 체제 정비
			수방조직 정비		경찰 협조 체제 정비
8.26 태풍명명			공사현장 정비		재해구호단체 정비
8.29 제주도 호우 주의보발효			수방자재 및 시설 정비		군 직통라인 정비
	D-3	예방체제	농임축수 산업		자원봉사단체 정비
			소상공업 정비		
8.29 기상청: 파랑주의보,	제주도 영향권	1단계 준비체제 (긴급대응 준비; 도·시·군 재대본)	수방시설 관련자재	해당 부서	공공시설물 관리기관 점검
			취약지구 관련자재 ·		공사업체 점검
	기상정보(D-2), 호우주의보		대피시설 관련자재		집단수용시설 점검
			공무원동원 배치		소규모시설 관리기관 점검
호우주의보 발효		태풍 대처계획 시달, 방송사 자막방송	HAM, 무전기등 배치		방재시설 운영기관 점검
			수방단 배치		각, 실과 방재업무 점검
			자원봉사단체배치		사업소 점검
8.30 10시	강원도피해예상 발표(지방기상청)	2단계 경계체제	수방시설 가동	재대본	군, 경찰, 소방, 수방단 총동원령
			취약지구 대처		
			대피시설 운영		
21시 태풍경보	기상특보(D-1), 태풍주의보		상황전파장비 운용		
			수방단 배치		

8.31 10:40 상륙시간 예보 12:00 강원도 태풍 주의보	12시 태풍주의보 18: 태풍경보	3단계 비상체제		도로, 교량 보수		재대본	05:00 재해예방대책강화지시(주의보) 07:30 재해예방대책강화지시(경보) 전직원비상근무, 현장확인, 피해조사, 복구지원 지시, 군, 경찰, 소방, 수방단 총동원령			
				사망, 실종대처						
	기상특보(D-0), 태풍경보			고립대처						
				취약지구 순찰						
				공무원 비상대기						
8.31 12시경부터	초기피해	총동원 비상체제 (지자체장 지휘) 경찰, 소방, 수방단 동원, 군 협조 요청		인명	사망(장의)	재대본	재산	가옥침수	시설	도로, 지하도
	가시적 피해접수 보고 및 긴급상황 발생에 따른 지원 요청				실종			전파, 반파		교량
										펌프장
					고립			중소상인		배수장
										복개하천
8.31 21시경부터	전면적 피해				노약자			생산시설		용, 배수로
	지휘, 통신체계 불통, 주요 재해 거점별 상황대처				대피소운영 기타			농지		지하도 life line
								농기계		농업기반시설
				재산: 생업관련		재대본	군, 경찰, 소방, 수방단 협조			
9.1 5시 태풍주의보로 대체 (여명과 동시)	피해원인 종료	총동원비상체제 (지자체장 지휘)		전공무원 동원령		재대본	군, 경찰, 소방, 자원봉사단체 협조요청			
				피해접수, 조사(교육) 복구계획 수립						
	경보해제(주의보 대체), 복구시작 (D+1) 05:00			민간장비 동원 및 자원봉사참여 유도						
				이재민구호, 군, 경동원						
9.1 13:30 폭풍주의보 발효	(D+1) 09:00	응급복구체제 (재대본, 지자체장 지휘)	상황파악 및 구호	도-시군-읍면동-리통반 연락망 복원, 상황파악 지시		재대본 →임시 복구단	동원: 민간중장비, 군경 장비·인력 생업기반: 농림축수산, 중소상인생산 우선복구: life-line, 도로, 통신, 주택, 쓰레기, 상하수도 복구물자획득: 구호물자, 복구자재			
				피해조사 및 요령교육 이재민구호						
	(D+1) 12:00		조직정비	상황보고,복구계획수립		복구단	복구자원의 운용계획 수립 군,경,주민 복구참여 호소			
	(D+2)		복구협의	전면적 복구 사업시작		복구단	복구자원 운용에 따른 문제점 해결 군, 경, 주민 복구참여 호소			

제5장

지방자치단체 재난대응 행정시스템 분석

1. 강릉시 풍수해 대비 초동대응 매뉴얼

강릉시는 풍수해 사태에 초동대응해야 할 필요성이 발생한 경우 다음 [그림 5-1]과 같이 대응체제가 운영되며, 필요에 따라 비상사태에 대한 재난상황실이 설치된다.[1] 재난발생시 모든 정보는 재해경감대책협의회에서 조사・기록・분석・평가가 이루어지며, 재난상황실과 주민대피 및 시설피해 여부를 판단하게 된다. 재난상황실에서는 수집된 정보는 도・중앙으로 전달되고, 인근 지방자치단체 및 유관기관으로도 재난발생에 관한 정보가 전달된다. 이런 재난발생에 대한 효율적인 대응으로 주민을 긴급 대피하여 이재민을 구호하고, 재난발생 주변의 정리 및 시설물을 복구한다.

1) 강릉시 내부자료, 2007.

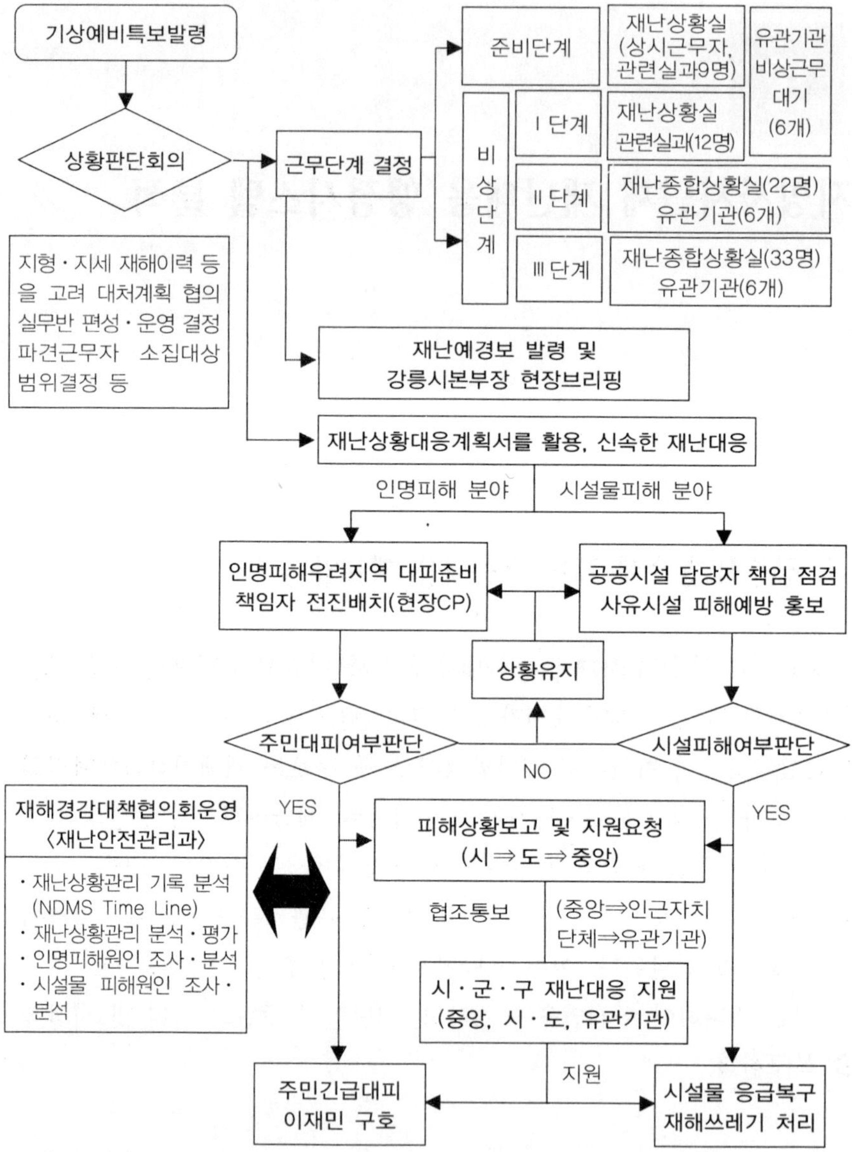

자료: 강릉시 내부자료(2007).

[그림 5-1] 강릉시의 초동대응 매뉴얼

1) 재난조직 시스템

(1) 지역재난안전대책본부의 기능

○ 관할구역 내의 각종 재난에 대비한 예방·대비·대응·복구 등에 관한 사항을 총괄 조정 및 집행
○ 재난응급복구에 필요한 물자 및 자재비축
○ 재난발생시의 비상조치
○ 복구사업 실시 및 감독 등

(2) 지역재난안전대책본부의 구성도

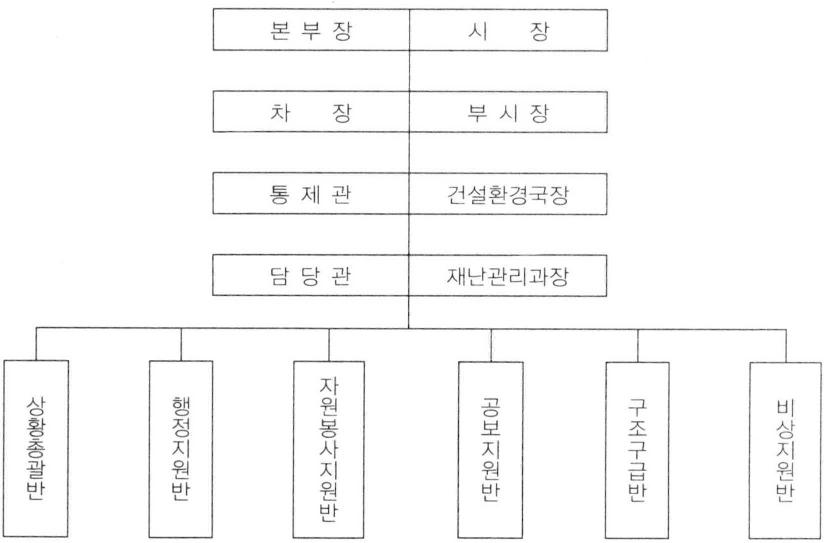

자료: 강릉시 내부자료(2007).

[그림 5-2] 지역재난 안전대책본부 조직도

가. 본부장

○ 강릉시 본부장은 강릉시장이 되며, 강릉시 재난대책본부 업무를 총

괄한다.

나. 차 장

○ 강릉시대책본부의 차장은 부시장이 되며, 강릉시 본부장이 업무보좌한다.

다. 통제관

○ 강릉시대책본부의 통제관은 건설환경국장이 되며, 본부장과 차장이 업무보좌한다.

라. 담당관

○ 담당관은 재난관리과장이 되며, 소관업무에 대하여 소관 분야 통제관이 보좌한다.

마. 실무반

○ 강릉시대책본부의 실무반은 강릉시 소속 공무원 중 해당 재난관련 업무를 담당하는 공무원과 지역재난관리책임기관 · 기업체 및 민간단체 등으로부터 파견된 자로 구성한다.

2) 재난관리 단계별 근무시스템

(1) 준비단계

가. 상시대비체제

○ 특별한 재난발생의 징후는 없으나 재난이 발생하는 경우에 신속한 대응을 위하여 지속적인 상황관리가 필요한 단계이다.

나. 사전대비체제

○ 기상청이 발표하는 기상종합정보 중 예비특보 또는 주의보의 발령으로 재난에 대한 대비체제의 가동이 필요한 단계이다.

(2) 비상단계

가. 지역재난안전대책본부 비상근무 편성

1) 비상근무 체제

○ 기상청에서 발표하는 기상종합정보 중 경보발령으로 전국 또는 지역적인 재난발생 위험이 상당한 수준에 이르러 강릉시 대책본부의 재난대비체제를 비상근무체제로 전환하는 단계 또는 강릉시본부장이 인정하는 이에 준하는 단계이다.

2) 실무반 편성

① 상황총괄반

○ 본부장·차장 보좌 및 비상단계에서 상황업무 총괄

② 행정지원반

○ 행정지원업무 총괄(주요 인사 의전업무, 근무자 근무명령 및 복무단속)

③ 구조구급반

○ 담당 실·과, 유관기관의 근무요령에 의거 운영

④ 비상지원반

○ 재난관련 비상지원업무 총괄

⑤ 자원봉사지원반

○ 자원봉사 지원업무 총괄

⑥ 공보지원반

ㅇ 보도지원 및 공무업무 총괄

나. 기상특보별(주의보, 경보) 비상근무계획

(1) 태풍, 호우, 해일(폭풍, 지진), 대설

▶ 표 5-1 ◀ **체제별 근무인원**

<table>
<tr><th colspan="2" rowspan="2">체제별 / 구분</th><th rowspan="2">준비체제</th><th colspan="2">경계체제</th><th rowspan="2">비상체제</th></tr>
<tr><th>실무반 불필요시</th><th>실무반 편성시</th></tr>
<tr><td colspan="2">기상상황</td><td>"주의보" 발령시</td><td>"경보" 발령시 ·</td><td>"경보" 발령 이후 재해발생 예상시</td><td>· 관할구역 전역에서 재해발생예상시
· 관할구역 내 지역적으로 극심한 재해발생시</td></tr>
<tr><td rowspan="3">근무조 편성</td><td>총괄 지휘</td><td>· 재난관리과장</td><td>· 재난관리과장</td><td>· 건설환경국장</td><td>· 건설환경국장</td></tr>
<tr><td>직원</td><td>· 재난관리과 직원 1명
· 재해관련 부서별 직원 각 1명 (3개실과)</td><td>· 재난관리과 직원 4명
· 재해관련 부서별 직원 각 1명 (6개실과)</td><td>· 기편성된 실무반 편성에 의함</td><td>· 기편성된 실무반 편성에 의함</td></tr>
<tr><td>근무 인원</td><td>· 5명 이내</td><td>· 20명이 7내
※ 읍면동: 3/1</td><td>· 24명 이내
※ 전직원 2/1</td><td>· 42명 이내
※ 전직원 비상</td></tr>
<tr><td colspan="2">재해기간 (5.15~10.15)</td><td>· 방재담당 직원 1명 증원</td><td>· 재난관리과 직원 3명 증원</td><td>· 재난관리 담당 1명, 직원 7명 증원</td><td>· 재난관리과 직원 2분의1 증원</td></tr>
<tr><td colspan="2">근무위치</td><td>· 재난상황실 및 소속과</td><td>· 재난상황실 및 소속과</td><td>· 재난상황실</td><td>· 재난상황실</td></tr>
</table>

자료: 강릉시 내부자료(2007).

다. 재난안전대책본부 실무반 편성 및 업무분장

(1) 재난안전대책본부 실무반 편성

▶ 표 5-2 ◀ 준비단계(주의보)

구 분	근무반 편성	비 고
총괄반장	담 당 관(재난관리과장)	(7개반 15명)
정보수집 및 보고서 작성반(3명)	· 재난관리과 2명 · 정책기획과 1명	
상황관리지원반(1명)	· 재난관리과 1명	
행정지원반(1명)	· 행정지원과 1명	
구조구급반(1명)	· 재난관리과 1명	
비상지원반(6명)	· 농정과 1명 · 해양수산과 1명 · 산림녹지과 1명 · 도시개발과 1명 · 건설과 1명 · 건축과 1명	
자원봉사지원반(2명)	· 주민생활지원과 1명 · 여성가족과 1명	
공보지원반(1명)	· 공보감사담당관실 1명	
유관기관지원반	· 강원지방기상청 1명 · 한국전력공사 강릉지사 1명 · 한국농촌공사 강릉지사 1명 · KT 강릉지사 1명 · 강릉소방서 1명 · 제1901부대 58연대 1명	상황에 따라 필요시 파견근무 요청

자료: 강릉시 내부자료(2007).

▶ 표 5-3 ◀ 비상단계(경보)

구 분	근무반 편성	비 고
총괄반장	통 제 관 (건설환경국장)	(7개반 29명)
정보수집 및 보고서 작성반(5명)	· 재난관리과 3명 · 정책기획과 1명 · 농정과 1명	
상황관리지원반(5명)	· 정책기획과 1명 · 재난관리과 3명 · 건설과 1명	
행정지원반(2명)	· 공보감사담당관실 1명 · 행정지원과 1명	
구조구급반(1명)	· 재난관리과 1명	
비상지원반(6명)	· 농정과 1명- 건축과 1명 · 해양수산과 1명- 수도과 1명 · 산림녹지과 1명- 하수과 1명 · 건설과 1명- 지역경제과 1명 · 주민생활지원과 1명- 교통행정과 1명 · 생태환경과 1명	
자원봉사지원반(2명)	· 여성가족과 1명 · 건축과 1명	
공보지원반(2명)	· 공보감사담당관실 1명 · 행정지원과 1명	
유관기관지원반(6명)	· 강원지방기상청 1명 · 한국전력공사 강릉지사 1명 · 한국농촌공사 강릉지사 1명 · KT 강릉지사 1명 · 강릉소방서 1명 · 제1901부대 58연대 1명	

자료: 강릉시 내부자료, 2007.

(2) 상황실 근무자 실무반별 담당 업무

▶ 표 5-4 ◀ 준비 및 비상단계 담당 업무

<table>
<tr><th colspan="3">구 분</th><th>담 당 업 무</th></tr>
<tr><td colspan="3">총괄조정관</td><td>본부장 · 차장 보좌 및 비상단계에서 상황 업무 총괄</td></tr>
<tr><td colspan="3">통 제 관</td><td>본부장 · 차장 및 총괄조정관 보좌, 준비단계에서 상황업무 총괄</td></tr>
<tr><td colspan="3">종합상황실장</td><td>본부장 · 차장, 총괄조정관 및 통제관 보좌, 종합상황실운영 실무 총괄</td></tr>
<tr><td rowspan="5">상황총괄</td><td colspan="2" rowspan="2">정 보 수 집 및 보고서 작성반</td><td>반장: 정보수집 · 보고서 작성 및 상황분석 판단업무 총괄</td></tr>
<tr><td>1. 일일상황 보고서 작성 · 보고 및 상황일지 작성
2. 주요인사 종합상황실 방문시 보고서 작성
3. 국가안전관리정보시스템을 활용한 피해상황 등 파악
4. 기상상황 등 재난의 예측 · 분석관리 및 전파
5. 기상 및 수습대처관련 특별지시사항
6. 피해정보 수집 · 보고 및 해외 재난정보 수집 · 분석
7. 긴급상황 관리(즉보사항 처리: 인명구조, 인명피해, 교통두절상황 등)
8. 재난진행상황 파악 · 전달 · 처리 및 사전예방조치</td></tr>
<tr><td rowspan="3">상 황 관 리 지원반 (8인)</td><td>반장</td><td>상황관리지원 업무 총괄</td></tr>
<tr><td>관리 지원 팀</td><td>1. 대통령 · 국무총리 · 중앙본부장 및 소방방재청장 현장 방문시 보고자료 작성
2. 현장상황 지원관 파견 · 관리 및 중앙수습지원단 운영 지원
3. 상황실 회의 및 보고회 관련 장비운영
4. 상황근무자 식사 · 야식 등 후생 · 복지</td></tr>
<tr><td>상황 분석 판단 팀</td><td>1. 상황판단회의 개최 및 대처계획 수립 보고
2. 상시모니터링 시스템 구축 · 운영 및 TV방송 모니터링
3. 본부장 특별지시사항 처리
4. 관계기관 근무자 파견요청
5. 재난피해 분석 · 판단 및 민심동향, 미담사례 등 확인
6. 각종 여론 · 정보수집, 민원처리 등</td></tr>
<tr><td colspan="3" rowspan="2">행정지원반</td><td>행정지원업무 총괄</td></tr>
<tr><td>1. 주요 인사 방문시 의전업무
2. 상황근무자 근무명령 및 복무단속</td></tr>
<tr><td colspan="3">구조구급반</td><td>구조 · 구급 업무는 강릉시 긴급구조통제단에서 전담하여 추진하되, 재난종합상황실과의 원활한 업무연계를 위하여 긴급구조통제단 소속 직원이 연락관으로서 종합상황실 상주 근무</td></tr>
</table>

비상지원반		재난관련 비상지원업무 총괄(반장)
		1. 국가안전관리정보시스템을 활용한 응급복구 및 구호 상황 파악 2. 각 일선지방행정기관 및 시군 응급복구 현황 파악 3. 재난구호활동본부 및 구호지원반 설치운영 지도 4. 이재민수용시설 지정 및 구호센터 설치운영 지도·확인 5. 사망·실종자유족 대책, 응급생계구호 실시 6. 부상자 의료지원 및 기동의료반 편성운영 지도·확인 7. 침수지역 및 이재민 집단급식소 위생관리 지도·확인 8. 전염병 예방을 위한 방역소독 및 기동방역반 편성운영 9. 재난쓰레기 수거처리 및 임시적환장 설치운영 지도·확인 10. 응급복구를 위한 전문인력, 자재·장비확보 지도·확인 및 군 병력·장비 지원 협조요청 11. 국민생활 필수시설 응급복구 추진상황 지도·확인 12. 도로·교량, 하천, 항만, 어항, 수리시설, 철도, 사회공공시설 등 응급복구 추진상황 지도·확인 13. 해양수산시설 응급복구 및 선박·출입항 통제 14. 고립 지역 긴급수송로 개설 및 수송차량 확보 15. 정전피해 복구 및 통신두절 지역의 이동용 통신시설
자원봉사반		자원봉사업무 총괄(반장)
		1. 자원봉사센터 설치 운영 및 지도·확인 2. 사유시설 응급복구 등 대민지원활동 추진 3. 수해주택 안전점검 및 무상 수리 등 추진
공 보 지원반	반장	보도지원 및 공보업무 총괄
	보 도 지원팀	1. 재난상황별 국민행동요령 홍보 2. 재난 예·경보 발령사항 등의 전파(TV·라디오 CATV 생방송 및 자막방송, KBS재난방송 등) 3. 재난수습을 위한 보도지원(현장대변인, 공동취재단구성 및 프레스센터 설치지원 등) 4. 각종 보도자료 작성 배포 및 재난현장 취재지원 5. TV·라디오·신문사 등이 요청하는 각종 자료 수집 및 제공
	공보팀	1. 각종 TV·라디오 인터뷰 전담 2. TV 자막방송 요청 전담

자료: 강릉시 내부자료(2007).

(3) 읍·면·동 조직 및 임무

○ 읍·면·동은 시 재난안전대책본부에 준하여 조직

○ 상황관리 및 보고체제 개선을 위하여 읍·면·동 실무반은 자체

실정에 맞도록 방재조직을 편성·운영

○ 지역의 모든 방재역량을 통합한 재해대책협의회 구성·운영

라. 유관기관 등 파견근무자 비상근무계획

1) 파견 기관: 육군 제1901부대 58연대, KT 강릉지사, 한국전력공사 강릉지사, 강원지방기상청, 한국농촌공사 강릉지사, 강릉경찰서, 강릉소방서.

2) 근무 장소

○ 상시 및 사전대비체제: 각 기관별 상황실

○ 비상단계: 강릉시 재난종합상황실(12층)

3) 파견기관별 임무

① 군부대(육군 제1901부대 58연대, 공군 3155부대)

○ 시 재난상황실과 군부대간 유기적인 업무연락체제 유지

○ 평시 피해시설 응급복구를 위한 지휘체계를 확립하고 응급복구요령 교육 및 가상대비 훈련 실시

○ 병력지원, 장비동원 및 대민지원업무 현황 파악 보고

○ 재해대책 비상근무는 해당 지역별로 부대장 책임 하에 상황실 운영

○ 예비군훈련 연기 등 제반조치 이행

○ 수난구조 활동 지원

○ 기타 필요한 자료 요청시 수시 취합보고 및 상황관리 지원

② 한국전력공사 강릉지사

○ 시 재난상황실과 한국전력공사간의 유기적인 업무연락체제 유지

○ 단전사고 사전예방 활동

○ 재해발생 지역의 전기 두절시 대책수립

- ○ 재해발생시 긴급 복구할 수 있도록 응급복구반 편성 운영
- ○ 유관기관 상호간 협조체제 구축으로 재해발생시 장비 및 인력의 신속한 동원체제 확립
- ○ 재해발생시 자체 복구반 및 민관군 지원 하에 응급복구활동 전개
- ○ 이재민 수용소에 대한 우선적인 전력공급
- ○ 기타 필요한 자료 요청시 보고 및 상황관리 지원

③ 강원지방기상청

- ○ 시 재난상황실과 강원지방기상청간의 유기적인 업무연락체제 유지
- ○ 2종 일기도 및 보도자료 작성 및 분석
- ○ 호우(대설, 폭풍 등) 동향감시 및 강우(강설, 폭풍 등) 전망분석
- ○ 기상관측 자료 수집 및 분석
- ○ 매시간 강우량 집계 및 타 기관 자료 수집
- ○ 유관기관 및 보도관련 통보체제 구축 및 상황관리 지원

④ 강릉소방서

- ○ 시 재난상황실과 강릉소방서간의 유기적인 업무연락체제 유지
- ○ 지역 긴급구조대책의 총괄·조정 및 긴급구조 활동의 지휘·통제
- ○ 재난발생시 고립된 인명의 탐색 및 구조
- ○ 긴급구조기관 및 지원기관간의 인력 및 장비 배치와 운용
- ○ 사상자의 응급조치 및 의료기관으로 이송
- ○ 긴급구조 활동에 필요한 물자 및 장비의 관리
- ○ 현장 접근 통제 등 그 밖의 효율적인 긴급구조 활동을 위하여 필요한 사항

⑤ 강릉경찰서

- ○ 시 재난상황실과 강릉경찰서간의 유기적인 업무연락체제 유지
- ○ 기상특보에 따른 지역별, 시간대별 지원체제 확립

ㅇ 재해사상자 발생시 시 재난상황실 통보 및 신원확인 지원
ㅇ 각종 재해응급복구 작업시 도로통제 등 적극 지원
ㅇ 교통두절 지역 발생 및 통제 지역 발생시에는 시 재난상황실에 통보
ㅇ 읍면동 단위 대규모 피해 발생시 지・파출소와 행정기관간 탄력적 대응체제 확립
ㅇ 재해발생 지역 방범 및 경비대책 강구
ㅇ 긴급수송을 위한 교통대책 및 소통방안 강구
ㅇ 주민고립 및 인명피해 발생시 신속한 구조활동 전개

⑥ KT 강릉지사

ㅇ 시 재난상황실과 한국통신간의 유기적인 업무연락체제 유지
ㅇ 지역별로 재해원인을 분석하여 재해예상 지역에 대한 통신고립대책 강구
ㅇ 통신시설 보호 및 관리: 긴급통신 수단 및 이동용 긴급복구장비의 확보
ㅇ 재난대책용 통신 지원
ㅇ 기타 필요한 자료 요청시 수시 취합보고 및 상황관리 지원

⑦ 한국농촌공사 강릉지사

ㅇ 시 재난상황실과 한국농촌공사간의 유기적인 업무연락체제 유지
ㅇ 비상대처계획 수립(EAP) 및 응급복구 자재 및 장비 확보
ㅇ 저수지, 용배수로 등 수리시설 보호 및 유지관리
ㅇ 기상특보 발효시 저수지 수위자료 파악 및 분석보고
ㅇ 기타 필요한 자료 요청시 수시 취합보고 및 상황관리 지원

3) 재난 초동대응 단계 프로그램

(1) 인명구조 및 고립예상 지역 대책

가. 인명구조 유관기관 협조(헬기지원체제 구축)

○ 경찰항공 운영규칙 제3장, 제6조 제1항에 의거 긴급 상황시 헬기운항 절차는 선조치 후보고 체제 유지

- 긴급 상황 대비 비상출동 대기조 편성 운영

※ 기종에 따라 야간 및 악천후에 제한적 운영

○ 권역별 상호 지원체제 구축으로 인접 지방청(경기, 충청) 상호지원 체제

- 유관기관과 긴밀한 협조체제 구축(산림청, 소방본부, 군부대 등)

○ 폭우, 폭설, 고립 지역에 대한 헬기지원 가능업무

- 인명구조 및 환자수송
- 식료, 음료수 및 생필품, 의약품 등 공수
- 문서 및 통신연락, 인원공수

나. 고립예상 지역 현황파악 및 지원

○ 동원인력 및 장비 동원 지원

- 사태발생시 즉시 출동이 가능하도록 고립예상 지역별로 동원인력 및 장비 동원 협조
- 동원우선순위 인력은 공무원 주민 순으로, 장비는 관 보유, 민간 보유 순으로 동원
- 설해 취약 지역은 기 지정된 모니터위원 등을 활용하여 설해상황을 수시 파악 즉시 대처

○ 인명구조를 위한 장비 동원

- 군 · 경찰 · 산림청 · 소방 등과 인명구조용 헬기지원 협조

- 영서권, 영동권, 남부권 권역별로 상호 지원 협조
- 긴급 상황에 대비 비상출동대기조 편성 운영 지원

다. 부상자 후송대책

○ 현장 응급후송체계 확립
- 사상자의 중증도 분류, 현장에서의 응급처리, 의료기관으로 사상자 이송
- 129 응급환자 정보센터의 의료기반 정보 제공(상시관리), 응급의료기관의 병상, 시설, 장비 등 사상자 수용능력 파악, 의사, 간호사 등 응급의료 제공 인력 파악, 구급차 확보실태 파악

○ 재난발생시
- 신고접수 즉시 특수구급차 현장 투입, 응급구조사가 인근병원 의사의 지시를 받아 사상자 후송
- 현장 응급의료소 설치 여부 검토, 사상자의 규모 등을 감안하여 시군 본부장이 판단하여 결정
- 오지대로 인명 구조시 육로후송이 어려울 때, 산림청, 군부대 헬기 지원을 받을 수 있게 조치

(2) 응급진료·구호 및 이재민 보호대책

가. 응급진료 및 응급환자 수송대책

○ 현장 응급후송체계 확립
- 사상자의 중증도 분류, 현장에서의 응급처치, 의료기관으로 사상자 이송
- 129 응급환자 정보센터의 의료기반 정보 제공(상시관리), 응급의료기관의 병상, 시설, 장비 등 사상자 수용능력 파악, 의사, 간호사 등 응급의료 제공 인력 파악, 구급차 확보실태 파악

ㅇ 재난발생시

- 신고접수 즉시 특수구급차 현장 투입, 응급구조사가 인근병원 의사의 지시를 받아 사상자 후송
- 현장 응급의료소 설치 여부 검토, 사상자의 규모 등을 감안하여 시군 본부장이 판단하여 결정
- 오지대로 인명 구조시 육로후송이 어려울 때 산림청, 군부대, 헬기를 지원받을 수 있게 조치

ㅇ 중상자의 운송체계

- 현장구호소의 소장이 119 구급대 또는 129 응급정보센터 등에 요청, 후방 의료지까지 운송 조치

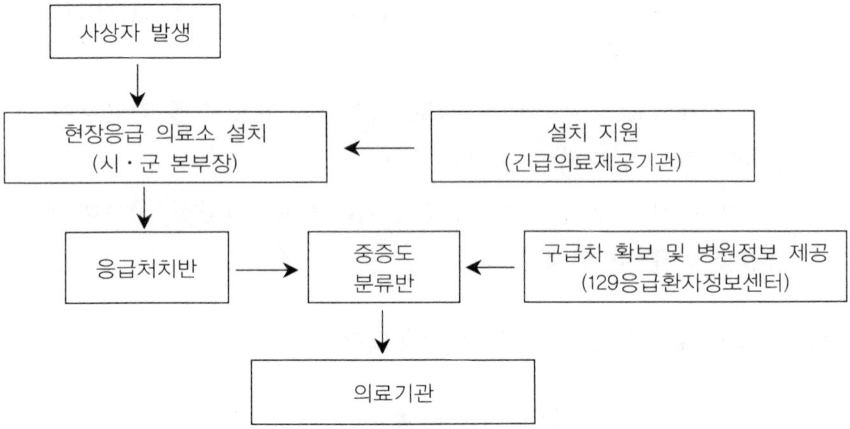

자료: 강릉시 내부자료(2007).

[그림 5-3] 사상자 처리 체계도

나. 응급의료기관 확보·협조 사항 및 사체처리 대책

○ 초동의료체제 구축

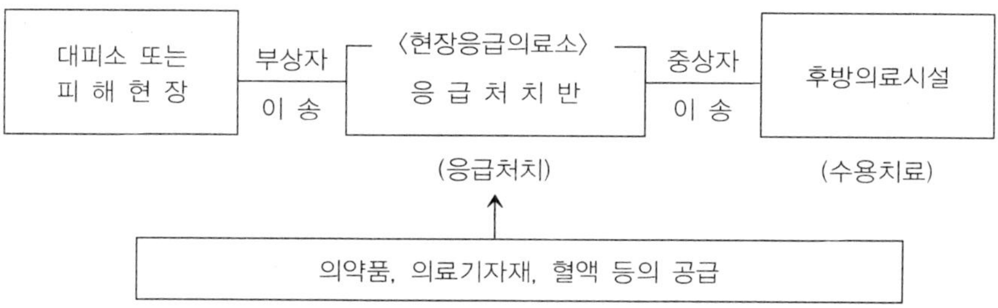

자료: 강릉시 내부자료(2007).

[그림 5-4] 재해시 의료구호체계 흐름도

○ 현장의료 구호소의 설치

- 의료 구호반은 대피장소 및 재난현장에 구호소 설치
- 중상자 응급처치, 후방의료기관으로 운송순위 결정, 수송 곤란자 및 경상자 의료조치, 조산구호, 사망자 확인 사체 검안 등

○ 의약품·의료 기자재의 비축

- 5일간 사용할 의약품, 의료 기자재 등을 비축 보관

○ 후방의료기관의 지정 관리

○ 중상자 후송 대책 수립

○ 의료시설에 대한 Life-line 대책 수립

≪의료구호대책≫

○ 초동의료 체제

- 신고접수 즉시 특수구급차 현장투입, 응급구조사가 인근 병원 의사의 지시를 받아 사상자 처리

- 현장응급 의료소 설치 여부 검토
  사상자 규모 등을 감안하여 시군 본부장이 판단하여 결정

○ 현장의료 구호소의 설치 운영
- 사상자의 중증도 분류, 현장에서의 응급조치, 의료기관으로 사상자 이송
- 129 응급환자 정보센터의 의료기반 정보 제공(상시관리), 응급의료기관의 병상, 시설, 장비 등 사상자 수용능력 파악, 의사, 간호사 등 응급의료 제공인력 파악, 구급차 확보실태 파악 등

○ 의약품 · 의료 기자재 비축관리

○ 후방 의료기관의 지정관리
- 피해가 예상되지 않는 지역에 200병상 이상의 병원을 대상으로 후방 의료기관으로 지정관리

다. 생필품 등 구호물자 확보 비축 및 공급대책

○ 비축기준
- 대상물자: 구호세트, 양곡, 라면류, 의류, 천막, 모포 · 침구, 취사도구, 생필품 등
- 비축기준: 최근 10년간 최대 사용량을 감안하되, 주택파손 및 침수피해를 고려하여 세트화 구호물품을 비축하여 소규모 재해시는 시군구 비축물자를 우선 사용하고, 추가 필요시 광역창고에서 일괄 지원받을 수 있도록 사전에 필요한 조치
- 보관 장소: 시군, 읍면동 창고 및 관내 수해 상습지 인근 등

○ 확보 · 관리
- 관리책임자 지정 및 방재물자 수불대장 작성 비치
- 부족물자는 우기 전까지 전량 확보하고 변질 우려가 있는 양곡류나 내구연한이 짧은 의류 등은 현금으로 확보, 유사시 즉시 구입사용

▶ 표 5-5 ◀ **재해구호 물자의 종류 및 확보 기준**

구분	1종 구호물품	2종 구호물품	3종 구호물품
품목	침구(1장), 수건(2장) 치약(1개), 칫솔(2개) 간소복(남 · 녀 각1벌) 속내의(남 · 녀 각1벌) 세면비누(2개), 화장지(2롤) 생리대(1조), 생수	휴대용 가스렌지(1개 부탄가스(4개), 코펠(1셋트) 수저셋트(1셋트), 샴푸(1통) 세탁비누(2장), 주방세제(2통) 수세미(4개), 고무장갑(2개), 쌀(10kg), 고추장, 된장, 간장 등	분유(1통) 기저귀(1조) 분유병(2개) 체육복(1벌) 속내의(1벌) 모기약(1개)

자료: 강릉시 내부자료(2007).

- 부패 · 변질 방지를 위하여 보관상태 수시점검
- 위험하거나 부패하기 쉬운 품목은 사전에 구매선을 확보하여 재해 발생시 즉시 조달될 수 있도록 준비체계를 갖출 것(부탄가스, 생수, 우유, 김치 등)
- 지역 특성, 재해 유형에 맞는 구호세트 확보 조치

※ 구호물자 세트화 제작물품의 보급화(광역창고 등)로 신속하고 효율적인 이재민구호

- 이재민 발생시 구호물품 지급에 혼란이 없도록 수재 의연품 등의 신속한 접수 및 효율적인 분배계획 사전 수립

○ 점검시기

- 상시대비체제 기간 중: 3월부터 5월까지 1회 이상
- 사전대비체제 및 비상단계 기간 중: 5월~10월까지 수시점검

라. 구호물품의 접수 및 배분계획

○ 의연금품의 모집

- 대규모 재해발생시에는 소정의 절차를 거쳐 의연금품을 모집
- 의연금품의 모집은 중앙일원화 원칙에 따라 전국재해대책협의회에서 주관

- 시장·군수는 접수된 의연금품이 전국재해대책협의회에서 허가받은 기부금 모금에 해당하는 것이라면 즉시 전국대책협의회에 이관하여야 함.

○ 의연금품의 관리 및 배분

- 모집된 의연금품은 전국재해대책협의회에서 관리 배분함.
- 의연금품을 배분하고자 할 때에는 피해 정도, 이재민 발생상황에 따라 지역적으로 균형되게 배분하며 필요시 보건복지부장관과 협의

마. 이재민수용시설 지정 운영 관리

○ 지정기준

- 학교, 교회, 마을회관, 관공서, 창고 등 수용 가능한 건물을 지정하되, 이재민 발생 가능성이 없는 지역은 가급적 지양
- 최근 10년간의 이재민 발생수 등을 감안하되, 상습침수 지역의 피해상황을 예측한 이재민 발생 가능수를 조사, 인근 지역에 수용시설 지정
  - ·하천 수계별, 지역별 현실성 있는 대피와 수용을 동시 운영이 가능한 시설 지정 운영
  - ·이재민 수용시설 지정시 홍수시 침수되지 않도록 제방보다 높은 곳으로 선정하여 지정
  - ·이재민 수용시설 지정시 전기(자가발전), 수도, 도로 등 지역여건과 부락 주민들의 의견을 충분히 고려하여 지정
- 지정 시 건물소유자 또는 관리자와 사전협의를 철저히 하고 동의서에 사용조건 등을 명확히 명시하여 분쟁소지 사전예방
  - ·수용시설의 규모에 따라 이재민대피 및 수용 가능계획 수립
  - ·집중호우 및 댐·저수지 붕괴 등에 대비한 등급별 침수예상 지역 대피계획서 작성 보급

· 기상상황에 따른 단계별 대피계획 및 대응요령 숙지

○ 사전 조치할 사항

- 이재민 발생시 수용 이재민 현지급식을 위하여 대한적십자사 또는 지사와 사전 협의
- 이재민 발생시 즉시 수용 가능하도록 우기 전 관리상태 점검
- 대피시설 또는 읍면동별 응급구호품과 장비 상비(구호세트, 고무보트 등) 및 단전, 단수에 대비한 최소시설 확충
- 주민들이 대피장소를 사전에 알 수 있도록 반상회 등을 통하여 홍보

○ 점검시기

- 상시대비체제 기간 중: 3월부터 5월까지 1회 이상
- 사전대비체제 및 비상단계 기간 중: 5월부터 10월까지 수시점검
- 대규모 재해발생시에는 소정의 절차를 거쳐 의연금품을 모집

바. 주민대피 및 유도계획

1) 주민대피계획

○ 주민의 자발적인 대피

- 주민으로부터 대피에 대한 연락을 받은 경우 즉각 직원을 파견하고 대피활동을 지원하거나 대피예정시설의 개방 등 조치
- 대피는 사전에 주민에게 알려준 장소로 유도하고 대피 안내자는 지역사정에 밝은 자를 지정

○ 행정조치에 의한 대피

- 주민대피계획 수립

· 지구별 · 지역별 · 시간대별로 계획적인 주민대피계획 수립

· 지구별로 관리책임자를 공무원, 관련기관, 주민 등으로 복수 지정

하여 수시 예방활동 조치

· 피해 우려 지역주민에 대한 대피계획 수립

※ 소규모 댐, 다중이용시설 등 비상대처계획(EAP) 수립

- 시설물 또는 관리주체가 수립한 비상대처계획에 대한 사전협의 및 보완 요구, 수립실태 점검

· 인명구조대 편성 운영

· 주요 하천의 홍수범람 지역, 인구밀집 지역, 상습침수 지역, 홍수시 고립 지역 ⇒ 시군 단위 20~30명의 인명구조대 편성 운영

2) 대피에 필요한 대책수립

○ 대피명령 결정의 시기와 적절성에 대한 자문단의 구성 및 자문

○ 노약자 강제 대피방안 강구

○ 대피에 필요한 상황 점검(경로, 위치, 준비물 및 홍보)

○ 주민대피장소의 위치 확인, 대피 안내자의 신원 파악 및 저지대주민 안전지대 대피 유도

○ 고립예상 지역에 대한 사전지정 및 대피계획 수립

○ 해안, 하천변 등 고립예상 지역 인근 헬기착륙 장소 및 우회도로 지정관리

○ 유원지 · 계곡 등 경계구역 지정 및 행락객, 야영객의 대피 유도

○ 경계구역 표지판 설치

사. 대피소 운영 및 안전대책

○ 대피소의 안전 확보

- 대피소 주변은 재산의 보호나 그 밖의 범죄예방에 필요한 조치강구

○ 대피자의 파악

- 대피소에 관리책임자를 지정 대피자의 신원을 파악하여 신속하게

▶ 표 5-6 ◀ 재난위험지구별 주민대피계획

유형별 (위험등급)	지구명	위 치	주민대피수용시설		
			시 설 명	위 치	수용인원
계	6개소				4,302대 / 12,813명
상습침수 (2등급)	영진지구	영곡면 영진2리	58연대 2대대 연곡면복지회관 연곡면사무소	영진리 137 방내2리 32-1 방내리 42	230세대 / 630명
상습침수 (2등급)	뒷불지구	사천면 사천진리	운양초등학교 사천초등학교	판교1리 91 미노리 407	200세대 / 550명
붕괴위험 (2등급)	남산지구	내곡동1통 강남동19통	남산초등학교 단오문화관	내곡동 125 노암동 722-2	16세대 / 64명
붕괴위험 (1등급)	주문진지구	주문진읍 주문1리	주영초등학교	주문4리 461	11세대 / 29명
지진해일	경포지구	안현동, 강문동	경포산장콘도 호텔현대 (경포대)	안현동 산15 강문동 246	55세대 / 170명
지진해일	주문지구	주문진읍 주문1,6,12리	썬캐슬호텔 주영초등학교 주문진감리교회 주문진성당	주문리 84-2 주문4리 461 주문리 351 교항리 산54	3,790세대 / 11,370명

자료: 강릉시 내부자료(2007).

재난안전대책 본부에 통보토록 조치

- 대피자 중 노약자, 환자, 부상자 등이 있는 경우 곧 소방서 등에 통보하고 필요한 조치를 위한다.
- 대피자의 안부 등을 매스컴 등을 통하여 외부에 전달

○ 구호물품 및 생활편의 제공

- 대피소의 관리책임자는 대피자의 요구를 파악하고 필요한 물품을 재난대책본부에 요청한다. 특히 친지나 가족간 연락을 취할 수 있는 통신시설 확보

○ 상황이 악화되는 경우의 조치

- 현재 대피 중인 장소에 위험이 미칠 때에는 곧 다른 안전한 장소로 2차 대피를 위한 차량, 모터보트, 헬기 등을 경찰서, 군부대 등에 지원 요청

○ 대피가 장기화될 경우

- 대피자의 영양, 건강유지 등에 필요한 생활필수품을 확보
- 대피소의 위생, 급식, 급수 등에 대한 대책 수립
- 대피자의 사생활 보호와 정신적 고통을 덜어주는 대책 수립
- 필요에 따라 사회봉사단체(적십자사, 자원봉사단체 등)에 협조 요청

아. 자원봉사단체의 협조 및 역할분담 방안

1) 자원봉사단체 협조

○『재난극복 자원봉사 총연합』 현황

- 협약체결일: '04. 9.24
- 가입단체(7): 대한적십자사, 새마을운동중앙회, 전국재해구호협회, 재해극복범시민연합, 한국구조연합회, 한국자원봉사협의회, 한국자원봉사센터협의회

가) 평상시

- 상호 정보공유를 통해 인적·물적 자원에 대한 D/B 구축
- 자원봉사 활동의 발전을 도모하기 위하여 워크샵, 교육, 연찬회, 훈련 등 실시
- 효율적인 업무추진을 위해 자문회의의 구성·운영
- 구호품 수요 파악, 구호기관간 업무분담, 구호품 구매 및 비축

나) 비상시

- 대규모 재난발생시 총연합의 구성원들이 확보한 인적·물적 자원이 재난현장에 신속하고 효율적으로 지원될 수 있도록 중앙재난대책본상황실 합동근무
- 도 및 시군 자원봉사단체와 유기적인 협조
- 자원봉사활동의 대상 지역, 소요인력, 장비 등을 파악하여 적절하고 신속한 자원봉사 유도

2) 자원봉사자대책

○ 자원봉사자의 모집·등록·훈련·파견을 위한 센터의 설립 추진

- 다양한 요구에 능동적으로 대응할 수 있는 자원봉사자 양성

○ 자원봉사자가 참여하는 방재훈련 실시

- 자원봉사자의 역할과 위치 배정
- 행정과의 역할 분담

○ 재해자원봉사자의 모집·훈련, 파견 등의 제도화(종류: 의료, 건축, 소방 등)

(3) 생활필수시설 긴급복구대책

가. 통신두절대책

○ 교통두절 지역에 대한 연락체계

- 재난발생시 긴급조치를 위한 비상 및 예비통신대책 수립 등

○ 통신두절 지역에 대한 연락체계

- 위성통신, 무선통신 등 긴급통신수단의 확보 등

○ 이동용 긴급복구장비의 확보

- 피해현장 투입이 용이한 이동형 통신장비를 확보하여 재해발생시 피해 지역 통신시설을 신속히 복구할 수 있도록 지역별로 분산배치

○ 통신의 두절로 사회적 혼란방지를 위하여 각 통신 책임자는 본사 또는 산하기관 등에 긴급 복구반 편성 운영
○ 피해발생 지역에서는 임시전화 접수처와 공중전화 등을 설치하고 전기통신설비의 순회점검 실시
○ 통신시설의 복구는 전기통신사업법 시행령 제17조 제1항 각 호의 순으로 우선 실시

나. 전기시설대책

1) 재해 사전대비예방대책
○ 피해상습지의 사전조사 및 시설물의 단계적인 이전
○ 재해위험지구의 지정, 주기적 점검 및 개·보수 철저
○ 주요 시설 배수구의 일제점검 및 개·보수로 불량지 우기 전 정비
○ 건설공사장의 각종 가설물은 재해로 인한 피해가 없도록 방지대책 강구
○ 내진설계 대상 시설 여부 검토

2) 재해응급대책
○ 재해대책 근무체제를 상황 전개에 따라 3단계(백색, 청색, 적색)로 구분하여 운영하고 평시는 야간 당직자가 임무수행
○ 해일, 홍수, 산사태 및 지진 등 천재지변 발생으로 사고발생이 우려가 되는 경우 발전을 즉시 중지
○ 유관기관 상호간 협조체제 구축으로 재해발생시 장비 및 인력의 신속한 동원체제 확립
○ 재해발생시 긴급복구할 수 있도록 응급복구반 편성운영, 보수용 자재의 확보 및 비상대비 부하전환계획 등 비상복구대책 수립
○ 이재민 수용소에 대한 우선적인 전력공급

3) 재해복구대책

○ 재해복구는 사업장별 자력복구를 원칙으로 하고, 자체 복구 불가시 지원 요청

○ 재해사업소는 피해 내용과 복구계획서 및 피해상황 사진 등 필요한 자료 작성

○ 피해상습 지역에 대해서는 피해상황을 종합분석 검토한 후 항구적 대책 강구

다. 가스시설대책

○ 예방대책

- 24시간 상황관리 근무체계 구축
- 고압가스에 의한 재해발생을 조기에 발견하여 신고하도록 신고체제 확립
- 재해발생시 주민보호, 사고확대 방지 등 신속하게 사태진압 및 수습이 이루어질 수 있도록 기술지원, 유관기관과의 긴급연락망 구축 등 협조체제 유지
- 지역별로 재해예방을 설정, 주기적인 점검 및 취약점 보완
- 재해예방을 위한 교육 및 홍보활동 실시

○ 복구대책

- 실제 사태발생시 대응능력을 제고하기 위하여 유관기관과의 합동훈련실시
- 재해발생시 피해를 최소화하고 긴급복구할 수 있도록 업소 및 지원기관의 긴급출동반 훈련을 강화하고 긴급복구용 자재 확보

라. 급수 및 상하수도시설대책

1) 단계별 제한급수대책 수립 지원

ㅇ 시군 · 유관기관별로 지역실정에 맞는 단계별 급수대책 수립 지원

ㅇ 지역실정에 따라 1단계(10~30% 감량 공급)~4단계(급수 중단)로 구분단계별 추진대책 수립 실시토록 조정

▶ 표 5-7 ◀ 단계별 제한급수대책 수립 지원

구분		기준	내용
1단계	1-1단계	10% 감량 공급시	ㅇ 고지대 및 급수불량 지역 운반급수 ㅇ 방송 · 캠페인 등을 통한 절수 홍보 ㅇ 상수도 수질관리 강화(정수장 소독, 급수전 검사)
	1-2단계	10~30% 감량 공급시	ㅇ 지방자치단체별로 『비상급수대책상황실』 운영 ㅇ 물 다량 사용업소의 영업시간 단축 ㅇ 상수도 수질관리 강화(정수장 소독, 급수전 검사) ㅇ 공공건물, 대형빌딩에서의 절수 확대 ㅇ 공업용수 절약사용 및 재활용 확대 ㅇ 각 가정에서의 절수 적극 유도 ㅇ 식수용 지하수 개발 ㅇ 격일제 또는 3일제로 제한급수 실시 ㅇ 수영장, 세차장 등 영업시간 단축 또는 임시휴업 ㅇ 농업용수원지(저수지 지하수) 활용조치
2단계	2단계	30~50% 감량 공급시	ㅇ 인근 지자체간 긴급급수 지원 ㅇ 물 다량 사용업소 자율 휴무 실시 ㅇ 식수용 관정개발 확대 ㅇ 민방위 비상관정 이용 ㅇ 수돗물 다량사용 공장 조업 단축 ㅇ 군부대 인력 · 장비 지원 비상급수
3단계	3-1단계	50~60% 감량 공급시	ㅇ 실정에 따라 3~5일제 급수 ㅇ 산업용수 공급 감축 · 중단 ㅇ 개인 및 민방위 관정, 전용상수도 공동이용 확대
	3-2단계	60% 이상 감량 공급시	ㅇ 최소한의 생활용수만 공급 ㅇ 수돗물 다량사용업소 격일제 영업
4단계	4단계	급수 중단	ㅇ 먹는 샘물 공급 ㅇ 최소한의 식수배급제 실시 ㅇ 개인관정 공동 이용

자료: 강릉시 내부자료(2007).

○ 긴급식수원 확보 및 생활용수 공급 지원
- 유휴우물 또는 농업용관정 등 기존시설 최대 활용
- 민방위기본법에 의하여 설치된 비상급수시설, 인근 정수장, 간이상수도, 전용상수도 등 활용.
- 농업·공업·발전용수 등 다른 수리시설 일시 전용
- 유관기관과 협조체제 구축 및 비상급수를 위한 시설장비 및 인력 확보
- 먹는 샘물업체와 협조, 긴급식수 공급

○ 가뭄발생 지역 긴급 용수원 개발 추진 지원
- 가뭄발생 지역 또는 물 부족 예상 지역은 지하수, 간이용수원 등을 개발하고 물부족 지역은 양수공급 실시
- 지하수 개발: 암반관정, 소형관정, 집수정 등
- 간이용수원 개발: 하상굴착, 포강, 이동식 양수시설 등
- 양수급수: 양수 장비를 동원한 용수공급 및 다단양수

○ 절수운동 전개 등 대국민 홍보
- 방송매체를 통한 절수운동 전개
  · KBS, MBC, GBN을 통한 자막방송 및 특집프로 제작 홍보
- 홍보영화 제작·상영(중앙부처 보급)
- 홍보영화 제작·전국의 극장을 통해 범국민 절수운동 전개
- 가뭄극복 3대 운동의 전개→저수, 절수, 용수개발
- 범국민 생활용수 10% 절수운동 강화
  · 기존건물의 수세식 변기물통에 벽돌 및 물주머니 넣기
  · 수도꼭지에 절수기 달기운동 등
  · 24시간 상황관리

○ 갈수기 수질오염사고 예방대책 추진
- 상수원 상류 지역을 중심으로 갈수기 환경오염물질 배출사업장 단

속강화
- 수계별 환경오염 우려 업소 중점 단속 등

2) 상수도 시설
○ 수도사업자별로 긴급복구반 편성, 운영
- 지방상수도 → 상하수도사업소 수도과
○ 복구우선 시설을 지정하여 지진 피해시 우선순위에 의해 복구
○ 수도시설의 도면관리 철저 및 분산보관으로 긴급복구에 사용
○ 지진대비 수돗물 공급시스템 개선
- 주요 송배수관의 복선화
- 시설정보의 다원관리
○ 상수원 수계별 전환급수체제 강구
- 인근 지역간 상호급수 지원

3) 단계별 제한급수대책 수립 지원
○ 지방자치단체별 복구반 편성운영
○ 양수기, 공기압축기, 수중펌프, 콘크리트 브레카 등 응급조치를 위한 장비 비치
○ 하수도시설의 복구 순서는 하수처리장, 펌프장, 관거 등 중요도에 따라 실시

마. 교통두절대책
○ 교통두절 지역에 대한 연락체계
- 재난발생시 긴급조치를 위한 비상 및 예비통신대책 수립 등
○ 사전에 지정된 우회도로를 활용하여 차량흐름 유도
○ 산악 지역: 등산로 통제 구역 지정 · 관리
- 오대산 국립공원 등 3개 통제로 설치 운영

- 사전대책
  - 2~3일 전 예보 분석 후 악기상 예상시 사전통제 안내방송 실시
  - 등산로 입구에 겨울철 등반자 숙지사항 안내판 설치
  - 등산객 일몰시간 이전 하산유도 및 야간산행 통제철저
  - 구조대책 합동상황실 운영

  ※ 설치장소: 국립공원관리사무소 및 각 분소

  ※ 운영: 등산로 통제 및 등반객 안전지대 유도, 하산금지 산악구조대원 취약지점 사전배치

  ※ 국립공원관리공단, 경찰산악기동대―민간산악구조대를 통합 운영하여 구조장비 보완 및 효율성 제고

  - 신속한 구조 활동을 위한 헬기 동원 체제 수립

  ※ 국립공원관리공단 헬기 비상대기 조치

  ※ 경찰청 및 군용헬기 지원체제 구축

  - 조난에 대비한 사전대책 홍보강화

바. 유관기관간의 상호 협력

○ 대규모 재해발생으로 자체 물자 및 장비만으로는 수습이 어려울 경우에 대비 인접 시도 및 시군간 상호협력 지원체제 구축

○ 기타 재난관리책임기관·지방공공단체·군·경은 물론 유기적인 협조가 필요한 민간단체 등과도 비상연락망 정비 등 상호 지원·협력체제 구축

○ 재해 규모별·분야별로 지원협력 매뉴얼을 작성 활용

○ 방재훈련 등을 통한 개인별 역할분담 확립

○ 광역협력체제 구축

- 비축물자나 장비 등의 규격을 통일하여 유사시 신속한 지원체제 유지

사. 주민협조 요청 및 상황전파(수해복구상황 등)

1) 주민에 대한 재난 예·경보 신속 전파

○ 언론매체를 통한 대국민 홍보 강화

- 기상특보, 재난 예·경보의 신속한 보도

○ 방재관련 유관기관과의 홍보협조 강화 등

2) 기상상황 및 재난상황의 전달

○ 상황전달

- 기상특보 등의 기상상황과 재난상황 등 관련정보를 언론매체를 통하여 국민에게 신속히 전달

○ 주민의 대피

- 하천연안 저지대의 침수·고립예상 지역과 산사태 발생 예상지구, 저수지 붕괴위험 등 재난위험요인이 있는 지역에 대한 주민대피 조치 및 안전대책 강구

○ 재난사전조치 활동

- 홍수 등의 발생이 예상되는 경우에는 댐, 보, 수문, 배수펌프장, 양·배수장 등의 적절한 조작 및 사전조치 사항을 관계기관에 통지

○ 학생보호대책

- 학생 수업 실시 여부 검토 등 학생 보호대책 강구

○ 대규모 재해발생으로 자체 물자 및 장비만으로는 수습이 어려울 경우에 대비 인접 시도 및 시군간 상호협력 지원체제 구축

2. 강릉시 풍수해 대비 역점 추진사업 프로그램

강릉시는 재난에 대비하는 추진사업[2]으로 세미나, 현장훈련, 엠블렘, 홍보활동, 재난상황종합관제시스템 구축 등에 역점을 두고 있다. 재난에 대비하는 추진사업을 통해 인명과 재산의 피해를 최소화하는 데 많은 심혈을 기울이고 있다. 추진사업에 대한 내용을 살펴보면 다음과 같다.

1) 재난에 대한 지방자치단체 초기대응 세미나 개최

- ㅇ 일 시: 2007. 8.10(금) 13:00~18:00
- ㅇ 장 소: 강릉시청 대회의실(2층)
- ㅇ 주 최: 강원도, 강릉시, 희망제작소 재난관리연구소, 관동대학교 방재연구센터
- ㅇ 기 타: 강릉시 재난관리과장 논문발표
  논문제목- 지방정부의 자연재난 초동대비와 시민사회 동참

[그림 5-5] 재난에 대한 지방자치단체 초기대응 세미나(6차)

2) 강릉시청 내부자료(2007).

2) 침수피해 예상 지역 현장훈련

○ 집중 호우시 침수피해 예방을 위하여 사용할 수방자재 사용법을 시민들에게 홍보 및 교육하고 재난발생시 시민들 스스로 신속한 대응 및 응급조치할 수 있도록 하여 자율방재의식 고취
○ 훈련일시: 2007. 6.15(금) 14:00~14:30
○ 훈련장소: 포남 1동 (구)동해상사 주차장
○ 훈련내용: 폭우에 따른 가상 시나리오에 의한 수해예방
○ 훈련참가: 70명(하수과, 포남 1동, 자율방재단, 주민)

3) 재난 · 재해예방 교육홍보 DVD 재난홍보 활용

○ 제작내용: MBC 재난대비방송 유형별 편집
○ 제작기간: 2007. 8.8~8.22
○ 제작개수: 100개
○ 활용
· 각종 회의시 홍보자료로 활용
· 유관기관 교육 및 자체교육 교육 홍보물
· 청사 승강기 내 표출

4) 청사 승강기 LCD 재난홍보 활용

○ 설치대수: 1대
○ 소요예산: 5백만원
○ 활용: 재난정보 홍보

5) 안전문화 엠블렘 쇼핑봉투 삽입

○ 개요: 안전문화 홍보를 위하여 안전문구와 엠블렘의 지속적인 표

출로 시민의 안전의식 제고 및 안전문화 정착

- ㅇ 추진방법: 시중 대형 마트 쇼핑봉투에 인쇄 협조
- ㅇ 실적: 2개소(농협 하나로 마트, 주문진 원마트)

6) 안전문화운동 시내버스 교통광고 홍보

- ㅇ 안전문화운동은 안전을 최우선의 가치관으로 정립하는 의식개혁 운동의 성격이 강하므로 연중 관내 전역에 걸친 상시적인 홍보가 필요함.
- ㅇ 홍보형태: 시내버스 교통광고(차량 부착)
- ㅇ 차량대수: 5대
- ㅇ 사업비: 24,080천원

자료: 뉴시스, 2007-03-2.

[그림 5-6] 시내버스 안전점검의 날 홍보

7) 재난상황종합관제 시스템 구축

- ○ 재난·재해로부터 인명과 재산피해를 최소화할 수 있는 예방관리 시스템 구축
- ○ 사업량: 9개소
- ○ 사업기간: 2007. 1. 8~2. 28

8) 자연재난 발생 대비 강릉시청 공무원에게 비상근무복[雨衣] 제공

- ○ 태풍 및 집중호우 등 자연재난으로 인한 시민의 재산과 생명을 보호하고 재난시 신속한 대처 및 효율성 도모
- ○ 사업비: 28,800천원(순 시비)
- ○ 사업량: 600착
- ○ 공급대상: 실·과·소 재난관련 부서 및 읍·면·동
- ○ 공급일시: 2007. 6. 1

[그림 5-7] 비상근무복

9) 건축물 · 교량 점검 매뉴얼 책자 발간

○ 자연재난의 양상이 점차 대형화 · 다양화 되고, 그 발생 빈도 또한 증가 추세에 있어 건축물 및 교량 등 시설물에 대한 우기 및 사후 점검 요령 등에 대한 매뉴얼을 작성하여 태풍 및 각종 재난으로부터 안정적인 유지관리와 피해경감을 위해 “건축물 및 교량점검 매뉴얼” 책자 발간

○ 수량: 200부

10) 자연재난 풍수해 대비 종합대책 책자 발간

○ 태풍 · 집중호우 · 지진해일 등 각종 자연재난으로부터 인명 및 재산피해 최소화를 도모하고 해안 등 지역적인 특성에 따른 E-30, P-EP 대피계획을 수립하여 “2007 자연재난 풍수해 대비 종합대책 책자” 발간

○ 수량: 200부

[그림 5-8] 풍수해 대비 종합대책 책자

3. 최근 3년간 재난대비 훈련 실시 현황(2005~2007)

2005년에서 2007년까지 최근 3년간 강릉시의 재난에 대비한 종합훈련[3]에 있어서 각종 재난별 중점훈련과 훈련상 문제점을 파악하고, 그에 대한 개선안을 도출하였다.

1) 2007 국가재난대응 종합훈련

① 훈련근거

○ 재난및안전관리기본법 제73조, 동법시행령 제82조(재난대비훈련)

○ 강원도 「2007재난대응 안전한국훈련 세부시행계획」('07. 3. 26)

② 훈련방향

○ 풍수해, 산불 등 지역특성화 훈련과 국가 차원의 훈련 연계

○ 국가재난관리정보시스템 기반훈련 실시(상황전파시스템 이용)

○ 민방위 재난경보(5. 15 민방위훈련)와 연계 실시

③ 훈련개요

○ 훈련기간: 2007. 5. 14(월) 06:00~5. 16(수) 16:00

○ 훈련방법: 도상훈련+현장훈련(주문진/풍수해, 강동/지진해일)

○ 훈련인원: 1일 24명(16개 재난관련 업무처리부서) 24시간 근무

○ 훈련장소: 12층 재난상황실

○ 일정별 훈련 내용

- 5. 14(월): 풍수해 대응
- 5. 15(화): 지진 및 지진해일 대응
- 5. 16(수): 지하철, 방사능 대응 등 전국 도상훈련

---

3) 강릉시청 내부자료(2005. 2006. 2007).

자료: 구글블로그; 강릉소방서 홈페이지, http://www.gn119.go.kr/

[그림 5-9] 재난대응 훈련

2) 2006 국가재난대응 종합훈련

① 훈련근거

○ 재난및안전관리기본법 제73조와 영 제82조(재난대비 훈련)

○ 국무총리 특별지시 제4호('05.2.14): 국민이 편안한 선진한국 실현

② 훈련방향

○ 자연·인적 재난 분야를 통합 도상연습 실시

○ 재난안전대책본부 설치·운영으로 재난관리 절차 숙달 훈련

○ 실제훈련과 부합된 상황조성과 대응체계를 위한 훈련 실시

③ 훈련개요

○ 훈련기간: '06. 3. 29 06:00(수)~3. 31 15:00(금) 2박3일

○ 훈련방법: 도상연습

3) 자연재해지원센터 운영관련 훈련

재난으로 인한 피해주민의 신속한 재활과 복구를 지원하기 위해 피해자 중심의 행정서비스 제공에 따라 피해주민들에게 상담, 신고, 접수 대

자료: 강릉소방서 홈페이지, http://www.gn119.go.kr/

[그림 5-10] 재난 위기대응 통합훈련

행 등의 업무를 수행하는 「자연재해지원센터」를 설치하여 피해주민들이 현실적으로 필요한 부분을 즉시 지원하고자 함.

4) 침수피해예상 지역(포남 1동 일원) 사전대비 현장훈련

여름철 자연재해 사전대비 추진계획의 일환으로 집중 호우시 침수피해 예방을 위하여 사용할 수방자재의 사용 방법을 시민들이 사전에 숙지할 수 있도록 현장훈련을 실시.

5) NDMS 활용훈련 실시 결과 보고

① 훈련 실시 상황

ㅇ 강릉시 일원에 태풍이 내습하는 상황을 가상으로 최초 태풍정보 접수단계부터 단계별 상황대처와 재해취약지구 및 방재시설물 사전점검 · 정비, 인명피해 발생 우려 지역 예찰 및 주민대피 조치,

공공시설 및 사유시설 응급복구상황을 실과소 및 유관기관과 긴밀한 협조 하에 NDMS에 새롭게 반영된 상황처리일지 작성 등 국가재난관리시스템(NDMS) 상황입력훈련에 중점을 두고 풍수해 대응훈련 실시

② 훈련평가(자체평가)

○ 태풍 내습에 따른 단계별 각종 상황에 대한 상황전파 및 상황대처가 신속하게 이루어지고, 국가재난관리시스템(NDMS)에 새로 도입된 상황처리일지, 사유시설피해 응급복구, 대민지원, 부족장비 및 인력지원 상황 등 상황입력훈련을 중점적으로 실시함으로써 상황대처능력 향상에 도움이 되었음.

③ 문제점 및 개선대책

○ 국가재난관리시스템(NDMS) "상황처리 일지"상의 재해유형 선택항목 보완

⇒ 국가재난관리시스템(NDMS) "상황처리 일지"상의 재해유형 선택 항목 중 상위 선택 항목과 하위 선택 항목간 내용이 부합되지 않은 것이 있으며, 주민대피나 인명피해 같은 항목 추가 등 보완

6) 「민방위의 날」 훈련 실시계획(풍수해 관련)

① 훈련일시: '06. 6. 15(목) 14:00

② 훈련종목: 풍수해 대비 방재훈련

③ 훈련대상

- 마을단위 훈련: 강남동 장현 저수지 지역

④ 훈련주관: 강남동

⑤ 훈련중점

- 기상특보 발령에 따른 상황전파 및 초기 대응 강화
- 풍수해 피해발생 등 위기상황에 대한 대처 및 수습 능력 배양
- 재난경보발령에 의한 실제 주민대피 실시
- 대국민 풍수해 대비 행동요령 교육 및 홍보 실시 등

7) 민방공훈련 때 「상습침수예상 지역 현장 훈련」: 2007. 6. 15

- 강릉시 상습침수 지역 7개소를 대상으로 모래마대 쌓기 훈련을 실시하였다. 특히 포남 1동의 경우 구 동해상사 마당에서 강릉시장과 읍면동사무소 사무장과 담당자가 참관한 가운데서, 포남 1동 현지 주민과 강릉시 자율방재단(30명)이 모래마대 쌓기조(5조)를 편성하여 시청 하수과 직원의 시범 쌓기에 맞추어 5단까지 쌓았다. 양수기 팀은 강릉소방서 소방차에 호스를 연결하는 법, 양수기 발동 거는 법을 습득함으로써 집중 호우 때 당황하지 않고, 시민의 재산 피해를 최소화하고 재난예방을 선도하는 강릉시 만들기 시범이 되었다.
- 참여 장비: 교통통제 차량 2대, 소방차 1대, 양수기 운반차량 1대, 천막 2조

4. 재난관리 부서 인력 현황

강릉시의 재난관리 부서 조직의 조직도 및 인원 현황, 그리고 재난관리과 직원 현황을 살펴보면 다음과 같다.

1) 재난관리 부서 조직도

[그림 5-11]은 강릉시의 전체 조직도를 나타낸 것이다. 여기서 강릉시의 행정조직은 시장, 부시장, 경제진흥국, 관광문화복지국, 주민복지정책

관실, 건설환경국, 행정지원국, 농업기술센터, 보건소, 경영사업본부 등으로 구성되어 있다. 이 중에서 재난관리과는 건설환경국 산하에 과단위로 편제되어 있다.

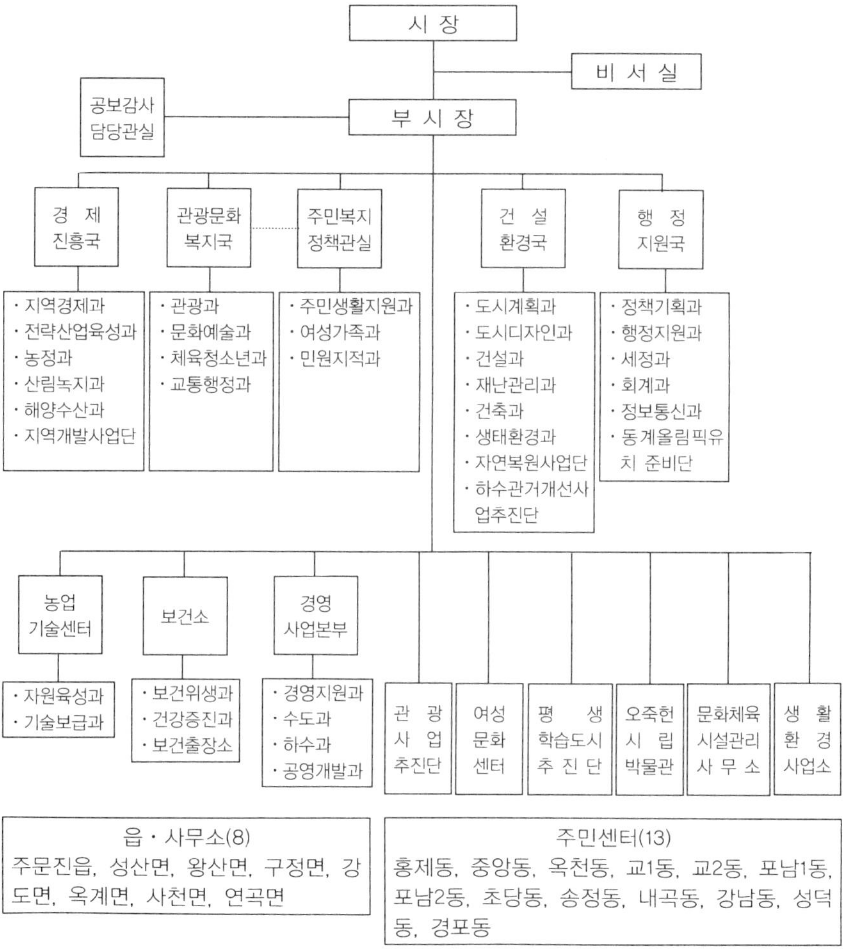

자료: 강릉시 내부자료(2007).

[그림 5-11] 강릉시의 행정조직도

또한, 강릉시의 재난관리과는 재난관리 담당, 방재 담당, 지역협력 담당, 민방위 담당으로 4개의 담당 부서로 구성되어 있다.

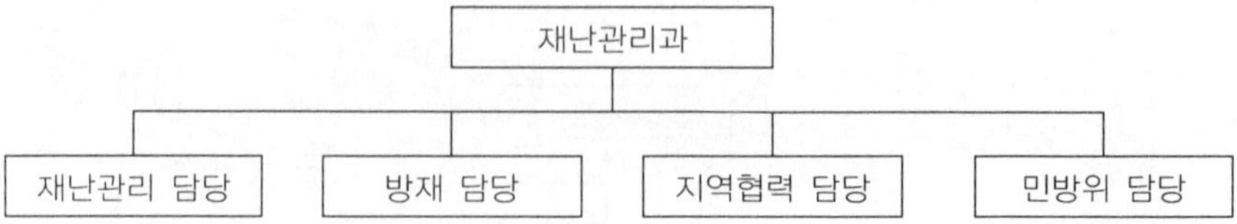

자료: 강릉시 내부자료(2007).

[그림 5-12] 강릉시 재난관리과 조직도

2) 재난관리과 인력 현황

현재 강릉시의 재난관리과의 인력 현황을 살펴보면, 현원 19명으로 일반직 16명, 기능직 3명이며, 일반직은 5급 1명, 6급 4명, 7급 7명, 9급 4명으로 구성되어 있다.

▶ 표 5-8 ◀ 강릉시 재난관리과 총원 및 인력 현황 (단위: 명)

구 분	총 원	일반직						기능직
		소계	5급	6급	7급	8급	9급	
정원	20	17	1	4	8	2	2	3
현원	19	16	1	4	7		4	3
결원	△1	△1			△1	△2	2	

자료: 강릉시청 내부자료(2007).

3) 재난관리과 직원 현황

위의 내용에서 언급한 각 재난관리 담당 및 직급별 현황을 나타내면 <표 5-9>와 같다. 재난관리과에서 근무하고 있는 대부분의 담당 공무원들은 기능직 담당직원을 제외하고는 근무 연수가 1년 정도이고, 재난 관련 자격증을 소지한 직원은 한 명도 없었다.

▶ 표 5-9 ◀ **재난관리과 직원 현황** (2007. 10. 1 현재)

소속 담당별	직급	성명	발령일 최초 임용일 (공직 전체 근무년수)	발령일 현업무 (재난관리 부서 근무년수)	관련자격증 소지 여부
재난안전 관리과장	행정5급	○○○	73.09.10(34)	07.01.09(1)	
재난관리	행정6급	○○○	80.10.02(27)	07.01.09(1)	
	행정7급	○○○	88.07.01(19)	07.01.09(1)	
	행정9급	○○○	07.01.09(1)	07.01.09(1)	
지역협력	토목6급	○○○	74.05.01(33)	07.01.09(1)	
	화공7급	○○○	95.09.23(12)	03.09.05(5)	
	건축7급	○○○	93.07.06(14)	07.01.09(1)	
	행정9급	○○○	07.08.13(1)	07.08.13(1)	
방재	토목6급	○○○	78.05.19(29)	07.01.09(1)	
	행정7급	○○○	94.07.01(13)	07.02.23(1)	
	토목7급	○○○	96.09.23(11)	07.10.01(1)	
	기능9급	○○○	96.11.27(11)	06.01.27(2)	
	토목9급	○○○	05.03.07(12)	05.03.07(3)	
민방위	행정6급	○○○	81.08.21(26)	07.01.09(1)	
	행정7급	○○○	92.09.01(15)	06.10.27(2)	
	기능8급	○○○	87.11.17(20)	07.01.09(1)	
	통신7급	○○○	92.04.07(15)	04.09.15(4)	
	기능6급	○○○	78.07.21(29)	04.09.15(4)	
	전산9급	○○○	06.10.19(1)	06.10.09(2)	

자료: 강릉시청 내부자료(2007).

5. 재난관리 부서 직원의 교육 이수 현황

재난관리 담당 직원들의 교육훈련 이수현황을 살펴보면 <표 5-10>과 같다. 담당 직원에 대한 교육훈련은 각종 풍수해를 대비하여 시기적절하게 이루어졌으나 몇몇 직원은 2년간 단 한 번의 교육훈련도 받지 않은 것으로 나타났다. 아울러 재난관리 교육 또한 단기간의 집체식 교육으로 확인되었다.

▶ 표 5-10 ◀ 재난관리 교육 이수 현황 (2006~2007, 2년간)

소속 담당별	직급	성명	교 육 명
재난안전 관리과장	행정5급	○○○	· 재해경감대책 세미나(2.26~3.1). 제주도인력개발원
재난관리	행정6급	○○○	
	행정7급	○○○	· 국가재난관리 정보시스템 과정(2.25~2.28) · 재난재해관리과정(3.26~3.30)
	행정9급	○○○	· 2007 긴급대응 실무자 교육
지역협력	토목6급	○○○	
	화공7급	○○○	· 인적재난관리 시스템 교육(4.12~4.13) · 국가재난관리 시스템 교육 · 물놀이 안전 매뉴얼 활용 교육(5.31~6.1)
	건축7급	○○○	· 인적재난관리 시스템 교육(4.12~4.13) · 재난 실무과정 교육(4.2~4.6)
	행정9급	○○○	
방재	토목6급	○○○	· 자연재해 영향성 검토 교육(3.4~3.7)
	행정7급	○○○	· 지역자율방재단 운영과정 교육(3.18~3.20) · 풍수해관리교육(4.15~4.16) · 침수흔적도 작성 · 활용 실무 교육(7.2~7.4) · 2007 지역안전도진단 시행지침 교육(9.19~9.20)
	토목7급	○○○	· 대설관리시스템 사용자과정
	기능9급	○○○	· 지진방재실무과정(10.22~10.23) · 재난관리용 위성전화기 운용자 교육(5.4),(8.8~8.9)
	토목9급	○○○	· 교량 및 터널 유지관리 교육(3.8~3.9) · 지진방재 실무과정 · 국가재난관리 시스템 교육 · 범정부 재난관리 네트워크 사용자 교육 · 한국토지공사 보상전문 과정
민방위	행정6급	○○○	
	행정7급	○○○	
	기능8급	○○○	
	통신7급	○○○	· 경보시스템 운영기술 교육
	기능6급	○○○	· 경보시스템 운영기술 교육
	전산9급	○○○	· 재난관리 신규자 교육(3.5~3.30) · 민방위행정시스템 사용자 교육(4.27~4.28)

자료: 강릉시청 내부자료(2007).

6. 풍수해 대비 보유 장비 현황

풍수해 및 재난에 대비하여 강릉시가 보유한 장비의 현황을 살펴보면 다음과 같다.

1) 재난대응 시스템 장비

강릉시는 재난대응 시스템 장비로 지진해일 예·경보시스템으로 통제장비 1식, 단말장비 20식과 원격수위계측기 14개소, 강우량계 15개, 수위계 2개, 자동수신 전화기 24대, TV재해경보방송시스템 22개소, 재해문자전광판 7개소, 위성전화 8대를 보유하고 있다.

▶ 표 5-11 ◀ 재난대응 시스템 장비 현황

지진해일 예·경보시스템	원격 수위계측기	강우량계	수위계
통제장비 1식, 단말장비 20식	14개소	15개	2개

자동수신 전화기	TV재해경보방송시스템	재해문자전광판	위성전화
24대	22개소	7개소	8대

자료: 강릉시청 내부자료(2007).

2) 수방자재 현황

강릉시의 수방자재로는 <표 5-12>에서 보는 바와 같이, 마대 299,699매, 묶음줄 621롤, 말목 423개, 비닐 373개, 양수기 기계식 113대, 전기식 47대, 재난 안전선 119롤, 모래마대 33,000매를 보유하고 있다.

재난대응 장비는 재난발생시 피해현장에 적절하게 배치되어 피해를 최소화할 수 있다. 새로운 장비 구축은 물론 기존 보유 장비에 대한 상시적인 점검을 통해 재난발생시 장비가 적절히 제 기능을 할 수 있도록 장비관리에 대한 소홀함이 없어야 할 것이다.

▶ 표 5-12 ◀ 수방자재 현황

마대 (단위:매)	묶음줄 (단위:롤)	말목 (단위:개)	비닐 (단위:롤)	삽 (단위:개)	양수기		재난 안전선 (단위:롤)	모래 마대 (단위:매)
					기계식	전기식		
299,699	621	423	373	959	113	47	119	33,000

자료: 강릉시청 내부자료(2007).

▶ 표 5-13 ◀ 협력업체 양수기 확보

구 역	업 체	보유 장비
중앙시장	태원건설 세방건설 영릴건설	준설차 1대(유압펌프 연결 135마력) 양수기 2대(5마력/대) 양수기 2대
교동4거리- 강릉역	부영개발 삼양산업개발 태연건설 두리건설	준설차 1대(유압펌프 연결 135마력) 양수기 3대 양수기 3대 양수기 3대
강남동 은마연립 앞	유성산업 한일개발 유호건설	준설차 1대(유압펌프 연결 135마력) 양수기 2대 양수기 4대
민원처리기동반	신광기업 명인건설	양수기 1대 양수기 3대
주문진 소훈아파트	주문건설	양수기 7대
경포진안상가	(주)거화	양수기 2대
차집관거(남대천 둔치)	(주)태영	양수기 2대

자료: 강릉시청 내부자료(2007).

7. 풍수해 대비 관련 예산 현황(2007년)

2007년 강릉시의 재난관련 분야별 예산 현황은 <표 5-14>와 같다. 자연·인적 재난 관련 총예산은 13,763백만원이며, 풍수해를 대비한 관련예산은 7,673백만원으로 재난안전관리 분야, 치수사업 분야, 해양수산 분야, 도로 분야, 수리시설 분야, 재난기금 분야로 나누어져 있다. 적절

▶ 표 5-14 ◀ 풍수해 대비 관련 예산 현황 (단위: 백만원)

분 야 별		예산 확보
총계(자연 · 인적 재난 관련예산)		13,763
계(풍수해 대비 관련예산)		7,673
재난안전관리	의용소방대 장비지원	9
	재난방지 물품 구입	88
	지진해일대비 해안지도 제작	90
	재해위험지구 정비	1,533
	지진해일 예경보시스템 구축	440
치수사업	소하천 정비	1,410
	수해 상습지 개선	2,160
해양수산	연안정비사업	600
도로 분야	도로시설물 및 도로보수	400
수리시설	밭 기반 정비사업	152
	농업수리시설 개보수	210
재난기금	재난안전관리기금	581

자료: 강릉시청 내부자료(2007).

한 예산배정과 처리는 재난발생시 모든 분야의 지원이 원활하게 수행될 수 있게 할 것이다.

8. 재난관련 민간단체 현황 및 훈련 실적

강릉시의 재난관련 민간단체의 현황과 훈련 실적을 살펴보면 다음과 같다.

1) 재난 초동대응 민간단체 현황

지역사회가 공유하는 위험(shared risk)은 지역사회에 공동의 책임(shared responsibility)이 있으므로 적절한 재난관리는 자신들뿐만 아니라 다른 사람들을 위험으로부터 구할 수 있을 것이다. 공유된 위험은 특정 지역의 위험으로부터 야기되는 위험을 완화시키도록 공공 부문의 대응을 요구하게 된다. 그러나 공공조직만으로는 위험취약 지역의 재난관리 수요를 충족시키기 어렵게 된다. 그러므로 공유된 위험을 감소시키기 위한 자연스러운 시민사회의 자기조직화 과정의 출현에 대한 필요성이 제기된다.

또한, 정부와 지역사회를 연결하는 가교로써 시민사회의 참여는 지속가능한 발전을 위해서도 지역의 재난취약성을 분석하고, 처리하는 데 효과적인 것으로 인식하고 있다. 재난으로 인한 피해자의 대부분은 사회적인 약자이므로 이들의 안전성 확보에 대한 권리를 대변해 줄 수 있는 조직결성 및 권능부여(empowerment)를 통해 취약성을 완화시킬 수 있다. 그리고 참여를 통한 자기의존(self-reliance) 체제를 형성하는 것이 필요한데, 이는 자율적인 참여를 통해 스스로 지역사회의 안전을 확보하는 데 도움이 될 것이다(권태호 외, 2007: 169).

강릉시의 재난관련 민간단체에는 지역자율방재단, 자원봉사센터, 한국아마추어 무선연맹, 의용소방대, 대학적십자사 봉사회, KT, 한국전기안전공사, 한국가스안전공사, 새마을 부녀회 등 9개 민간단체가 있다.

지역자율방재단은 2006년에 착수되어 2007년 현재 46개 방재단을 시범 운영 중이다. 부녀회, 의용소방대 새마을회, 방범조직 등 단일 활동을 주로 하는 기존 관련 조직의 위상을 극복하고 지역의 여러 관련 민간조직들이 긴밀한 네트워크를 구성·유지하여 재난발생시 지역의 총체적 주민참여 방재역량을 강화하는 데 목적이 있다. 시·군·구 또는 읍·면·동 단위로 구성하되, 민간 중심의 민·관 파트너십을 강조하며, 민간의 자율적 역량을 최대한 발휘하는 방향으로 추진 중이다.

강릉시의 자율방재단 구성 및 활동 현황을 살펴보면 다음과 같다.

(1) 강릉시 자율방재단의 구성

❏ 대 상

읍·면동의 자율방범대, 새마을 부녀회, 지역에서 활동하는 개인 및 단체를 단원으로 한다.

❏ 인 원: 589명(읍면동 방재단 168명, 전문방재단 421명)

❏ 구 성: 단장 1인, 부단장 1인, 간사 1인, 읍·면·동 대표, 단원(개인회원, 단체회원)으로 구성

❏ 주요 임무

- 평상시: 순찰 및 위험지역 신고, 홍보
- 재난발생시: 정보수집 및 전달, 재해 지역 응급복구 참여 등 재해관련 전반적인 사항

자료: 강릉시 내부자료(2006).

[그림 5-13] 강릉시 자율방재단

(2) 강릉시 자율방재단 간담회 및 협약 체결

❑ 간담회

- 주재: 강릉시장
- 일시 및 장소: 2007. 7. 19. 10:00-12:00 시청회의실
- 참석인원: 60명

❑ 전문방재단 협약체결(2007. 7. 19): 7단체

- 구호물품 운송수단 연계: KGB 택배회사, 강릉콜밴, (주)용평관광
- 잔존물 처리 장비 연계: 전국건설노조기계강릉지회, 강릉굴삭기 연합회
- 의료 시설연계: 의료법인 아나병원, 동인병원 응급의료센터

❑ 자율방재단 교육(2007. 7. 19)

- 강사: 강릉대학교 공과대학장 박상덕
- 강의 내용: 자율방재단의 임무와 역할

❑ 2006 재해유공 정부 표창(2007. 7. 19)

- 수여자: 행정자치부 장관(장관 박명재)
- 수상자: 강릉시 자율방재단(단장 김봉수)

자료: 강릉시 내부자료(2006).

[그림 5-14] 간담회

▶ 표 5-15 ◀ 강릉시 자율방재단

분 야	현 황
방재단 조직구성 안 (1안~3안)	- 방침 결재일: '05. 8. 16 - 구성안: 3안
방재단 단원 모집	- 구성 완료 - 589명(읍면동 168, 전문 421)
소방위원회 구성	- 일자, 인원, 개최횟수 등 - 2005년 추진 완료
일반조직 전문조직	- 일반 168명 - 전문 421명
공고	- 일자: '05. 9. 14~10. 3 - 기간: 20일간
기타	- 모집완료: '05. 10. 15 - 발대식: '06. 6. 22

자료: 강릉시청 내부자료(2007).

2) 최근(3년간) 합동회의 또는 합동훈련 등 실적

- ○ 유관 기관 합동 지진재난 대비 훈련(2007. 2. 15~16)
- ○ 「재난대응 종합훈련」시 다수의 민간단체 및 봉사단체 참여
  - 강릉시 자원봉사센터
  - 한국아마추어 무선연맹 강릉지사
  - 대한적십자사 봉사회 강릉지구협의회
  - KT 강릉지사
  - 한국전기안전공사 강릉지사
  - 한국가스안전공사 영동지사

3) 최근 3년간 재난현장에서 활동한 실적

<표 5-16>은 최근 3년간 여름철 재난대책기간 동안 「지역자율방재단」의 활동 내용이다.

▶ 표 5-16 ◀ 활동 실적

시군구	활동개요	활동내용 및 효과
강릉시	- 제목: 상습침수예상지역 우기 사전대비 현장훈련 - 일시: '07. 6. 15 - 장소: 동해상사 뒤편 - 참석인원: 45명	- 우기대비 침수예상 지역에서 긴급예방 및 복구활동 지원으로 재난발생시 신속한 대민봉사체계 구축으로 피해 최소화에 기여
	- 제목: 자연재해센터 설치 현장훈련 - 일시: '07. 8. 7 - 장소: 성산면 성산초교 운동장 - 인원: 20명	- 자연재해발생시 현장에 긴급지원센터를 설치하여 피해자에게 실질적이고 즉각적인 지원체계 마련을 위하여 자연재해센터 지원반 현장 훈련 실시
	- 제목: 해안가, 옹벽 붕괴위험 지역 순찰 및 안전시설 설치 - 일시(기간): 9월16일 태풍 「나리」 북상시 - 장소: 안목해수욕장, 교1동 옹벽 - 참석인원: 40명	- 태풍 나리 북상에 따른 안목해수욕장의 모래 유실에 따른 차량대피 및 지역주민의 해안선 접근 금지재난안전선 설치(40m)와 피해복구 참여 - 교1동 옹벽 전도 위험으로 인하여 주민접근 통제 및 재난안전선(25m) 설치

자료: 강릉시청 내부자료(2005~2007).

9. 시민들을 대상으로 한 방재홍보 실적(2005~2007)

강릉시의 시민들을 대상으로 한 방재홍보에 대한 실적은 다음과 같다. 재난에 대비한 예방활동을 비롯하여 실제 상황에 대처하기 위한 교육 등 방송 및 책자, 영상물 등을 활용하여 방재홍보를 실시하고 있다.

○ 겨울철 자연재난 사전대비 홍보 ○ 재난재해 예방 교육용 DVD 제작·배부 등의 홍보활동 ○ 풍수해 보험 홍보 ○ 안전문화운동 홍보물 제작·홍보 ○ 여름철(폭염, 풍수해) 자연재난 예방활동 ○ 민방위 경보시설을 활용한 산불, 호우 대비 홍보방송 ○ 「황사대비 대국민 행동요령」 홍보 ○ E-30 대피계획 교육 및 홍보 ○ 폭발물 처리 홍보 책자 배포 ○ 가을철 산불예방을 위한 홍보물 제작·배포 ○ 여름철 풍수해 대비 홍보물 제작·배포 ○ 재난대비 국민행동 매뉴얼 책자 제작·배포 ○ 비상 시 국민행동요령 교육 및 홍보용 책자 배포

자료: 강릉시청 내부자료(2005~2007).

제6장

재난대응에 대한 일선 공무원들의 인식분석

본 연구에서는 강원도의 강릉시와 평창군 재난관리 부서에 근무하는 공무원들을 대상으로 2007년 8월 10일부터 24일까지 2주간 연구진들이 직접 시청과 군청을 방문하여 설문지를 배포하고, 수거하는 방법을 활용하였다. 또한 지방자치단체의 재난관리 및 초동대응에 대한 공무원들의 전반적인 인식조사를 하였으며, 분석의 목적에 부합하게 빈도분석을 주로 활용하였다.

본 설문조사에서 응답한 표본의 인구통계학적 특성을 살펴보면 다음의 <표 6-1>과 같다.

먼저 표본에서 성별을 살펴보면 남성 79명, 여성 13명으로 남성이 주를 이루고 있다.

연령 분포를 살펴보면 20대 12명, 30대 31명, 40대 40명, 50대 이상이 9명으로 30대와 40대가 다수이다.

학력은 고졸 20명, 전문대졸 10명, 대학교졸 60명, 대학원졸 2명으로 대학교 졸업이 주를 이루었고, 직급을 살펴보면 5급 이상 1명, 6급 20명, 7급 39명, 8급 17명, 9급 15명으로 7급이 주를 이루었다.

▶ 표 6-1 ◀ 표본의 인구통계학적 특성

변 수	문 항	빈도(명)	백분율(%)
성 별	남 성	79	85.9
	여 성	13	14.1
	합 계	92(100.0)	
연 령	20대	12	13.0
	30대	31	33.7
	40대	40	43.5
	50대 이상	9	9.8
	합 계	92(100.0)	
학 력	고 졸	20	21.7
	전문대졸	10	10.9
	대학교졸	60	65.2
	대학원졸	2	2.2
	합 계	92(100.0)	
직 급	5급	1	1.1
	6급	20	21.7
	7급	39	42.4
	8급	17	18.5
	9급	15	16.3
	합 계	92(100.0)	
직 군	행정직	20	21.7
	기술직	66	71.8
	기 타	6	6.5
	합 계	92(100.0)	
재난 부서의 근무 연수	5년 미만	17	18.5
	5년~10년	10	10.9
	10년~15년	43	46.7
	16년 이상	22	23.9
	합 계	92(100.0)	
소 속	강릉시	70	76.1
	평창군	22	23.9
	합 계	92(100.0)	

또한, 직군별로는 행정직 20명, 기술직 66명, 기타 6명으로 기술직이 다수였으며, 근무 연수에 있어서는 5년 미만이 17명, 5년~10년 10명, 10년~15년 43명, 16년 이상 22명으로 대개 10년 이상 근무를 한 사람이 주를 이루었다.

그리고 재난관련 부서에서 근무한 연수는 1년 미만 30명, 1년~2년 16명, 2년~3년 18명, 3년~4년 12명, 5년 이상 10명으로 대체로 고른 분포를 보였으나, 근무 연수 1년 미만이 많은 편이었다.

조사대상 지역인 표본의 소속 지역은 강릉시 70명, 평창군 22명으로 구성되었다.

1. 통합성

재난관리체제의 통합성을 평가한 결과를 나타내면 <표 6-2>, [그림 6-1]과 같다. 재난신고체계의 일원화에 대한 인식에서는 '그렇다' 55명(59.8%), '매우 그렇다' 27명(29.3%), '보통이다' 8명(8.7%), '전혀 그렇지 않다' 2명(2.2%)으로 나타났다. 대체로 재난신고 체계의 일원화가 필요하다고 인식하고 있었다.

상황관리체계의 통합의 필요성에 대한 인식은 '그렇다' 60명(65.2%), '매우 그렇다' 24명(26.1%), '보통이다' 7명(7.6%), '전혀 그렇지 않다' 1명(1.1%)으로 나타났으며, 상황관리를 통합하여 운영하는 시스템이 구축되어야 한다고 인식하고 있었다.

재난관리 업무의 중복 정도에 대한 인식에서는 '그렇다' 48명(52.2%), '보통이다' 27명(29.3%), '매우 그렇다' 14명(15.2%), '전혀 그렇지 않다' 3명(3.3%)으로 나타났으며, 재난관련 업무의 중복된 업무가 많은 것으로 나타났다.

민방위조직의 통합에 대한 인식은 '그렇다' 37명(40.2%), '보통이다'

▶ 표 6-2 ◀ 재난관리의 통합성

단위: 명(%)

통합성	전혀 그렇지 않다	그렇지 않다	보통 이다	그렇다	매우 그렇다	평균 (표준편차)	합계
재난신고체계의 일원화의 필요성	2 (2.2)	–	8 (8.7)	55 (59.8)	27 (29.3)	4.16 (0.67)	92 (100.0)
상황관리체계 통합의 필요성	1 (1.1)	–	7 (7.6)	60 (65.2)	24 (26.1)	4.16 (0.60)	92 (100.0)
재난관리 업무의 중복정도	3 (3.3)	–	27 (29.3)	48 (52.2)	14 (15.2)	3.79 (0.73)	92 (100.0)
민방위조직의 통합 필요성	9 (9.8)	9 (9.8)	26 (28.3)	37 (40.2)	11 (12.0)	3.35 (1.12)	92 (100.0)
지휘체계의 혼선에 어려움 없음	11 (12.0)	28 (30.4)	35 (38.0)	16 (17.4)	2 (2.2)	2.67 (0.97)	92 (100.0)
통합관리체계의 필요성	–	12 (13.0)	15 (16.3)	50 (54.3)	15 (16.3)	3.74 (0.89)	92 (100.0)
소방조직 중심의 통합의 필요성	3 (3.3)	9 (9.8)	27 (29.3)	37 (41.3)	15 (16.3)	3.57 (0.99)	92 (100.0)
예산집행의 중복성	3 (3.3)	17 (18.5)	40 (43.5)	28 (30.4)	4 (4.3)	3.14 (0.88)	92 (100.0)

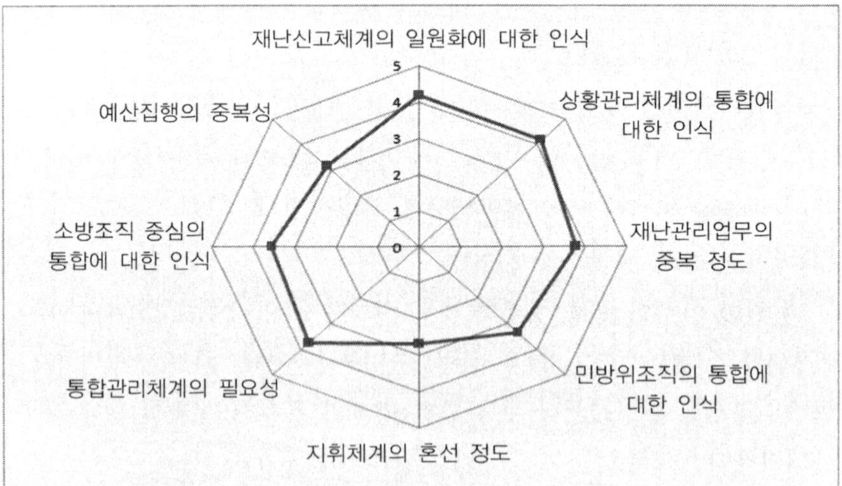

[그림 6-1] 재난관리의 통합성

26명(28.3%), '매우 그렇다' 11명(12.0%), '그렇지 않다' 9명(9.8%), '전혀 그렇지 않다' 9명(9.8%)으로 민방위 보직이 재난관리 조직으로 통합되어야 한다고 인식하고 있었다.

지휘체계의 혼선 정도에서는 '보통이다' 35명(38.0%), '그렇지 않다' 28명(30.4%), '그렇다' 16명(17.4%), '전혀 그렇지 않다' 11명(12.0%), '매우 그렇다' 2명(2.2%)으로 나타났으며, 재난발생시 지방정부에 대한 중앙의 지휘체계에 대한 어려움이 있는 것으로 나타났다.

통합관리체계의 필요성에 대해서는 '그렇다' 50명(54.3%), '매우 그렇다' 15명(16.3%), '보통이다' 15명(16.3%), '그렇지 않다' 12명(13.0%)으로 지자체 차원에서 재난관리체계를 통합하여 관리하는 책임기관이 선정되어야 한다고 인식하고 있었다.

소방조직 중심의 통합에 대한 인식에 대해서 '그렇다' 37명(41.3%), '보통이다' 27명(29.3%), '매우 그렇다' 15명(16.3%), '그렇지 않다' 9명(9.8%), '전혀 그렇지 않다' 3명(3.3%)으로 소방조직을 중심으로 일상적 재난관리 조직을 통합해야 한다는 것으로 나타났다.

예산집행의 중복성에 대해서는 '보통이다' 40명(43.5%), '그렇다' 28명(30.4%), '그렇지 않다' 17명(18.5%), '매우 그렇다' 4명(4.3%), '전혀 그렇지 않다' 3명(3.3%)으로 재난관리 부서별로 각종 장비 등을 중복 구매하기 때문에 예산낭비가 어느 정도 발생하고 있다고 나타났다.

재난관련 조직체계의 통합에 대한 필요성을 대다수 인식하고 있으며, 조직체계의 통합으로 중복 업무를 축소시킬 수 있고 지휘체계의 혼선을 사전에 방지할 수 있을 것이다.

2. 연계성

재난관리체제의 연계성에 대한 결과는 <표 6-3>, [그림 6-2]와 같다.

▶ 표 6-3 ◀ 재난관리의 연계성

단위: 명(%)

연계성	전혀 그렇지 않다	그렇지 않다	보통이다	그렇다	매우 그렇다	평균 (표준편차)	합계
중앙정부의 지원 정도	13 (14.1)	24 (26.1)	41 (44.6)	10 (10.9)	4 (4.3)	2.65 (1.00)	92 (100.0)
중앙과 지방의 협력 정도	7 (7.6)	26 (28.3)	48 (52.2)	11 (12.0)	–	2.68 (0.78)	92 (100.0)
광역단체와 기초단체의 협력 정도	8 (8.7)	26 (28.3)	49 (53.2)	9 (9.8)	–	2.64 (0.78)	92 (100.0)
재난관련 부서와의 협조 정도	4 (4.3)	18 (19.6)	49 (53.3)	20 (21.7)	1 (1.1)	2.96 (0.80)	92 (100.0)
민간단체에 대한 파악 정도	3 (3.3)	21 (22.8)	46 (50.0)	19 (20.7)	3 (3.3)	2.98 (0.84)	92 (100.0)
민간단체와의 협력체제 구축 정도	3 (3.3)	20 (21.7)	41 (44.6)	24 (26.1)	4 (4.3)	3.07 (0.89)	92 (100.0)
대응 매뉴얼의 현실성 정도	4 (4.3)	26 (28.3)	43 (46.7)	17 (18.5)	2 (2.2)	2.86 (0.85)	92 (100.0)
재난시 민간단체의 도움 정도	1 (1.1)	10 (10.9)	44 (47.8)	32 (34.8)	5 (5.4)	3.33 (0.79)	92 (100.0)
재난관리체계의 전산화 정도	1 (1.1)	15 (16.3)	49 (53.2)	24 (26.1)	3 (3.3)	3.14 (0.76)	92 (100.0)

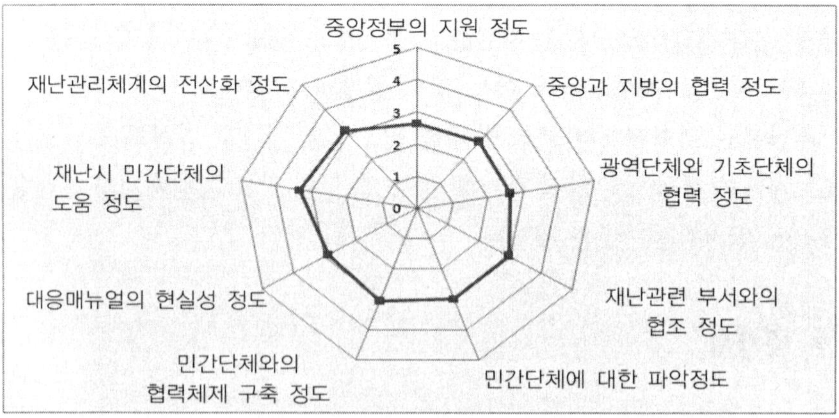

[그림 6-2] 재난관리의 연계성

중앙정부의 지원 정도는 '보통이다' 41명(44.6%), '그렇지 않다' 24명(26.1%), '전혀 그렇지 않다' 13명(14.1%), '그렇다' 10명(10.9%), '매우 그렇다' 4명(4.3%)으로 중앙정부의 지방정부에 대한 지원이 보통수준 이하로 나타났다.

중앙과 지방의 협력 정도에 대해서는 '보통이다' 48명(52.2%), '그렇지 않다' 26명(28.3%), '그렇다' 11명(12.0%), '전혀 그렇지 않다' 7명(7.6%)으로 중앙정부와 지방정부의 협력 또한 보통수준 이하로 나타나 협력을 위한 노력이 더욱 필요하다.

광역단체와 기초단체의 협력 정도에 대한 결과는 '보통이다' 49명(53.3%), '그렇지 않다' 26명(28.3%), '그렇다' 9명(9.8%), '전혀 그렇지 않다' 8명(8.7%)으로 광역단체와의 협력 정도도 보통수준 이하로 나타났다.

재난관련 부서와의 협조 정도는 '보통이다' 49명(53.2%), '그렇다' 20명(21.7%), '그렇지 않다' 18명(19.6%), '전혀 그렇지 않다' 4명(4.3%), '매우 그렇다' 1명(1.1%)으로 자치단체 관련 부서간의 업무협조 정도가 보통수준으로 나타났다.

민간단체에 대한 파악 정도는 '보통이다' 46명(50.0%), '그렇지 않다' 21명(22.8%), '그렇다' 19명(20.7%), '전혀 그렇지 않다' 3명(3.3%), '매우 그렇다' 3명(3.3%)으로 지역의 자원봉사조직이나 시민단체의 현황과 역할을 파악하고 있는 정도가 보통수준으로 나타났다.

민간단체와의 협력체제 구축 정도는 '보통이다' 41명(44.6%), '그렇다' 24명(26.1%), '그렇지 않다' 20명(21.7%), '매우 그렇다' 4명(4.3%), '전혀 그렇지 않다' 3명(3.3%)으로 재난관리를 위한 시민단체나 자원봉사조직과의 협력체계 구축 정도가 보통수준으로 나타났다.

대응 매뉴얼의 현실성 정도는 '보통이다' 43명(46.7%), '그렇지 않다' 26명(28.3%), '그렇다' 17명(18.5%), '전혀 그렇지 않다' 4명(4.3%), '매우 그렇다' 2명(2.2%)으로 현재 재난관리 대응 매뉴얼의 현실성 정도가 보통수준 이하로 나타났다.

재난시 민간단체의 도움 정도에 대한 결과는 '보통이다' 44명(47.8%), '그렇다' 32명(34.8%), '그렇지 않다' 10명(10.9%), '매우 그렇다' 5명(5.4%), '전혀 그렇지 않다' 1명(1.1%)으로 지역의 자원봉사조직이나 시민사회단체가 재난관리상 도움이 되는 정도가 보통수준 이상으로 나타났다.

재난관리체계의 전산화 정도는 '보통이다' 49명(53.2%), '그렇다' 24명(26.1%), '그렇지 않다' 15명(16.3%), '매우 그렇다' 3명(3.3%), '전혀 그렇지 않다' 1명(1.1%)으로 재난관리체계의 전산화가 보통수준 이상으로 나타났다.

재난관리체계의 연계성 정도가 보통수준 이하로 많이 나타났으며, 중앙정부 및 광역단체의 지방 및 기초단체에 대한 지원이나 협력이 부족하며, 민간단체에 대한 도움 정도가 더 크다는 것을 알 수 있다. 재난에 대한 대응은 정부뿐만 아니라 관련기관과 민간단체, 시민들의 협력이 필요하며, 평상시 이들의 관계 유지를 위한 네트워크 형성에 힘을 기울여야 할 것이다.

3. 전문성

재난관리체제의 전문성에 대한 결과는 다음 <표 6-4>, [그림 6-3]과 같다. 먼저 재난관리 담당인력의 전문성에 대한 결과는 '그렇지 않다' 41명(44.6%), '보통이다' 30명(32.6%), '그렇다' 12명(13.0%), '전혀 그렇지 않다' 9명(9.8%)으로 재난관리 업무를 담당하는 인력 규모가 적정성이 보통수준 이하로 나타났다.

재난관리 부서의 인사이동 정도는 '보통이다' 42명(45.7%), '그렇다'

▶ 표 6-4 ◀ 재난관리의 전문성

단위: 명(%)

전문성	전혀 그렇지 않다	그렇지 않다	보통이다	그렇다	매우 그렇다	평균 (표준편차)	합계
담당인력의 적정성	9 (9.8)	41 (44.6)	30 (32.6)	12 (13.0)	–	2.49 (0.85)	92 (100.0)
재난관리 부서의 인사이동 정도	3 (3.3)	6 (6.5)	42 (45.7)	35 (38.0)	6 (6.5)	3.39 (0.84)	92 (100.0)
재난관리 업무의 전문성 정도	–	1 (1.1)	26 (28.3)	48 (52.1)	17 (18.5)	3.88 (0.71)	92 (100.0)
담당 공무원의 전문성	4 (4.3)	10 (10.9)	55 (59.8)	18 (19.6)	5 (5.4)	3.11 (0.83)	92 (100.0)
재난관리 직렬 신설의 필요성	1 (1.1)	14 (15.2)	32 (34.8)	33 (35.9)	12 (13.0)	3.45 (0.94)	92 (100.0)
교육훈련의 필요성	–	8 (8.7)	18 (19.6)	50 (54.3)	16 (17.4)	3.80 (0.83)	92 (100.0)
교육훈련의 정도	2 (2.2)	25 (27.2)	51 (55.4)	10 (10.9)	4 (4.3)	2.88 (0.80)	92 (100.0)
부서간 책임소재의 명확성	7 (7.6)	31 (33.7)	43 (46.7)	9 (9.8)	2 (2.2)	2.65 (0.84)	92 (100.0)
장비구비 정도	2 (2.2)	24 (26.1)	46 (50.0)	18 (19.6)	2 (2.2)	2.93 (0.80)	92 (100.0)

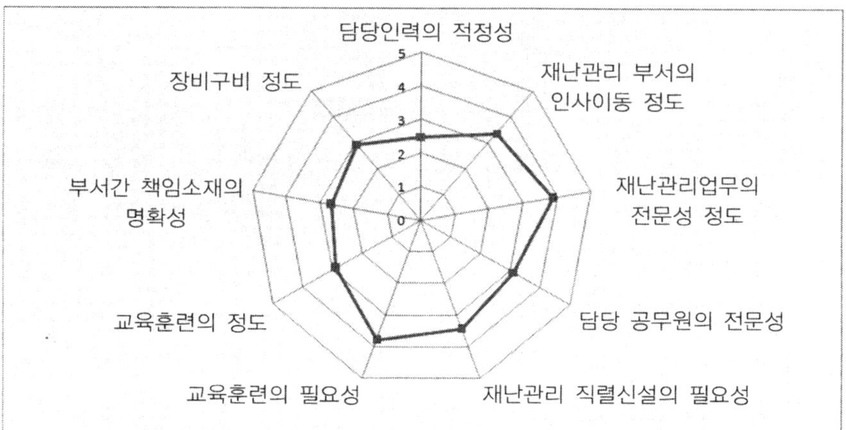

[그림 6-3] 재난관리의 전문성

35명(38.0%), '매우 그렇다' 6명(6.5%), '그렇지 않다' 6명(6.5%), '전혀 그렇지 않다' 3명(3.3%)으로 잦은 인사이동으로 인한 장기근무가 곤란하다는 정도가 보통수준 이상으로 나타났다.

재난관리 업무의 전문성 정도는 '그렇다' 48명(52.1%), '보통이다' 26명(28.3%), '매우 그렇다' 17명(18.5%), '그렇지 않다' 1명(%)으로 재난관리업무의 수행에 있어 전문성이 필요한 것으로 나타났다.

담당 공무원의 전문성 정도는 '보통이다' 55명(59.8%), '그렇다' 18명(19.6%), '그렇지 않다' 10명(10.9%), '매우 그렇다' 5명(5.4%), '전혀 그렇지 않다' 4명(4.3%)으로 재난관리와 관련한 공무원들의 전문성 필요 정도가 보통수준 이상으로 나타났다.

재난관련 직렬 신설의 필요성 정도는 '그렇다' 33명(35.9%), '보통이다' 32명(34.8%), '그렇지 않다' 14명(15.2%), '매우 그렇다' 12명(13.0%), '전혀 그렇지 않다' 1명(1.1%)으로 재난관리 직렬 신설의 필요 정도가 보통수준 이상으로 나타났다.

교육훈련의 필요성 정도는 '그렇다' 50명(54.3%), '보통이다' 18명(19.6%), '매우 그렇다' 16명(17.4%), '그렇지 않다' 8명(8.7%)으로 재난관리 담당자들의 전문성 제고를 위한 교육이 어느 정도 필요하다고 나타났다.

교육훈련의 정도는 '보통이다' 51명(55.4%), '그렇지 않다' 25명(27.2%), '그렇다' 10명(10.9%), '매우 그렇다' 4명(4.3%), '전혀 그렇지 않다' 2명(2.2%)으로 재난관리를 위한 적절한 교육훈련의 수행 정도가 보통수준 이하로 나타났다.

부서간 책임소재의 명확성 정도는 '보통이다' 43명(46.7%), '그렇지 않다' 31명(33.7%), '그렇다' 9명(9.8%), '전혀 그렇지 않다' 7명(7.6%), '매우 그렇다' 2명(2.2%)으로 부서간 책임소재의 명확성 정도가 보통수준 이하로 나타났다.

장비구비 정도는 '보통이다' 46명(50.0%), '그렇지 않다' 24명(26.1%), '그렇다' 18명(19.6%), '전혀 그렇지 않다' 2명(2.2%), '매우 그렇다' 2명(2.2%)으로 재난에 대비한 장비의 구비 정도는 보통수준으로 나타났다.

재난관련 업무는 전문성, 재난관련 직렬의 신설, 인원확충, 교육훈련이 매우 필요하다. 재난 발생시 보다 전문적이고 체계적인 대응으로 그 피해를 줄일 수 있도록 관련 사항에 대한 방안이 매우 필요하다.

4. 현장 대응성

재난관리체제의 현장 대응성에 대한 결과는 <표 6-5>, [그림 6-4]와 같다. 기관・부서간의 혼선 정도에 대한 결과는 '보통이다' 41명(44.6%), '그렇다' 36명(39.1%), '그렇지 않다' 8명(8.7%), '매우 그렇다' 5명(5.4%), '전혀 그렇지 않다' 2명(2.2%)으로 상황이 발생할 시, 기관・부서간에 혼선이 어느 정도 이루어지고 있다고 나타났다.

현장지휘 체계의 적절성 정도는 '보통이다' 37명(40.2%), '그렇다' 36명(39.1%), '그렇지 않다' 12명(13.0%), '매우 그렇다' 5명(5.4%), '전혀 그렇지 않다' 2명(2.2%)으로 재난발생시 현장지휘 체계가 어느 정도 문제가 있다고 나타났다.

재난발생에 대비한 준비 정도는 '보통이다' 51명(55.4%), '그렇다' 24명(26.1%), '그렇지 않다' 13명(14.1%), '매우 그렇다' 3명(3.3%), '전혀 그렇지 않다' 1명(1.1%)으로 재난발생에 대비한 준비가 보통수준 이상으로 이루어져 있다고 나타났다.

부서간 업무협조 정도는 '보통이다' 52명(56.5%), '그렇다' 24명(26.1%), '그렇지 않다' 13명(14.1%), '전혀 그렇지 않다' 3명(3.3%)으로 재난발생시 관련부서간의 유기적인 협력이 보통수준에서 이루어지고 있음이 나타났다.

▶ 표 6-5 ◀ 재난에 대한 현장 대응성

단위: 명(%)

현장 대응성	전혀 그렇지 않다	그렇지 않다	보통이다	그렇다	매우 그렇다	평균(표준편차)	합계
기관·부서간의 혼선 정도	2 (2.2)	8 (8.7)	41 (44.6)	36 (39.1)	5 (5.4)	3.37 (0.81)	92 (100.0)
현장지휘체계의 적절성	2 (2.2)	12 (13.0)	37 (40.2)	36 (39.1)	5 (5.4)	3.33 (0.85)	92 (100.0)
재난발생에 대비한 준비 정도	1 (1.1)	13 (14.1)	51 (55.4)	24 (26.1)	3 (3.3)	3.16 (0.75)	92 (100.0)
부서간 업무협조 정도	3 (3.3)	13 (14.1)	52 (56.5)	24 (26.1)	–	3.05 (0.73)	92 (100.0)
중앙정부와의 업무협조 정도	2 (2.2)	25 (27.2)	54 (58.7)	11 (12.0)	–	2.80 (0.67)	92 (100.0)
광역정부와의 업무협조 정도	1 (1.1)	27 (29.3)	56 (60.9)	8 (8.7)	–	2.77 (0.61)	92 (100.0)
유관기관과의 협조 정도	1 (1.1)	11 (12.0)	47 (51.1)	29 (31.5)	4 (4.3)	3.26 (0.77)	92 (100.0)
민간조직과의 협력정도	–	14 (15.2)	46 (50.0)	28 (30.4)	4 (4.3)	3.24 (0.76)	92 (100.0)
장비의 적절한 사용	–	17 (18.5)	49 (53.3)	23 (25.0)	3 (3.3)	3.13 (0.74)	92 (100.0)
예산 규모	4 (4.3)	33 (35.9)	44 (47.8)	11 (12.0)	–	2.67 (0.74)	92 (100.0)
예산집행의 신속성	2 (2.2)	24 (26.1)	51 (55.4)	13 (14.1)	2 (2.2)	2.88 (0.75)	92 (100.0)

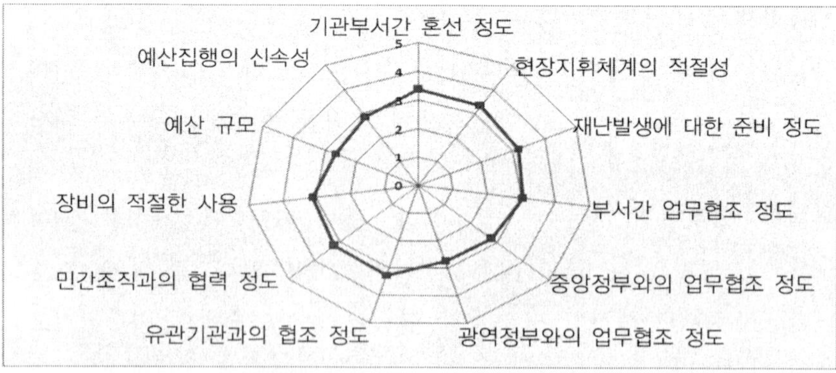

[그림 6-4] 재난에 대한 현장 대응성

중앙정부와의 업무협조 정도는 ‘보통이다’ 54명(58.7%), ‘그렇지 않다’ 25명(27.2%), ‘그렇다’ 11명(12.0%), ‘전혀 그렇지 않다’ 2명(2.2%)으로 재난발생시 중앙정부와의 업무협조 정도가 보통수준 이하로 나타났다.

광역정부와의 업무협조 정도는 ‘보통이다’ 54명(58.7%), ‘그렇지 않다’ 27명(29.3%), ‘그렇다’ 8명(8.7%), ‘전혀 그렇지 않다’ 1명(1.1%)으로 재난발생시 광역정부와의 협조 정도가 보통수준 이하로 나타났다.

유관기관과의 협조 정도는 ‘보통이다’ 47명(51.1%), ‘그렇다’ 29명(31.5%), ‘그렇지 않다’ 11명(12.0%), ‘매우 그렇다’ 4명(4.3%), ‘전혀 그렇지 않다’ 1명(1.1%)으로 재난발생시 유관기관(한전, 언론사, 군부대 등)과의 협조 정도가 보통수준 이상으로 나타났다.

민간조직과의 협력 정도는 ‘보통이다’ 46명(50.0%), ‘그렇다’ 28명(30.4%), ‘그렇지 않다’ 14명(15.2%), ‘매우 그렇다’ 4명(4.3%)으로 재난발생시 시민단체나 자원봉사 조직과의 협력 정도가 보통수준 이상으로 나타났다.

장비의 적절한 사용 정도는 ‘보통이다’ 49명(53.3%), ‘그렇다’ 23명(25.0%), ‘그렇지 않다’ 17명(18.5%), ‘매우 그렇다’ 3명(3.3%)으로 구비된 장비가 필요한 곳에 적절하게 사용된 정도가 보통수준 이상으로 나타났다.

예산 규모 정도는 ‘보통이다’ 44명(47.8%), ‘그렇지 않다’ 33명(35.9%), ‘그렇다’ 11명(12.0%), ‘전혀 그렇지 않다’ 4명(4.3%)으로 재난관리 부서에 적정한 예산이 배정된 정도가 보통수준 이하로 나타났다.

예산집행의 신속성 정도는 ‘보통이다’ 51명(55.4%), ‘그렇지 않다’ 24명(26.1%), ‘그렇다’ 13명(14.1%), ‘매우 그렇다’ 2명(2.2%), ‘전혀 그렇지 않다’ 2명(2.2%)으로 재난발생으로 인한 예산집행의 신속성 정도가 보통수준 이하로 나타났다.

현장대응성은 대체로 보통수준 이상으로 나타났지만, 예산의 규모와 예산집행의 신속성에 대한 결과는 보통수준 이하로 나타났다. 예산의 배정이나 집행의 경우 즉시 대응과 빠른 조치가 필요한 재난관련 분야에서는 시급히 마련되어야 할 부분이다.

5. 지방자치단체 및 지방의회 등 지원 정도

재난관리체제의 지방자치단체의 지원정도에 대한 결과는 <표 6-6>, [그림 6-5]와 같다. 먼저 자치단체장의 관심도 정도는 '그렇다' 46명(50.0%), '보통이다' 27명(29.3%), '그렇지 않다' 12명(13.0%), '매우 그렇다' 7명(7.6%)으로 자치단체장의 재난관리 업무에 대한 관심 정도가 보통수준보다 높은 것으로 나타났다.

자치단체장의 지원 정도는 '그렇다' 42명(45.7%), '보통이다' 35명(38.0%), '그렇지 않다' 14명(15.2%), '매우 그렇다' 1명(1.1%)으로 자치단체장의 재난관리 업무에 대한 지원 정도가 보통수준 이상으로 나타났다.

지방의회의 관심도 정도는 '보통이다' 47명(51.1%), '그렇다' 28명(30.4%), '그렇지 않다' 15명(16.3%), '전혀 그렇지 않다' 2명(2.2%)으로 지방의회의 재난관리 업무에 대한 관심도는 보통수준보다 높은 것으로 나타났다.

지방의회의 감독기능 적정성 정도는 '보통이다' 45명(48.9%), '그렇다' 28명(30.4%), '그렇지 않다' 18명(19.6%), '전혀 그렇지 않다' 1명(1.1%)으로 지방의회가 재난관리 업무에 대한 감독 기능 수행 정도가 보통수준 이상으로 이루어지고 있다고 나타났다.

자치단체 공무원들의 관심도 정도는 '보통이다' 39명(42.4%), '그렇다' 27명(29.3%), '그렇지 않다' 20명(21.7%), '매우 그렇다' 5명(5.4%), '전혀 그렇지 않다' 1명(1.1%)으로 지방자치단체의 공무원들의 재난관리 업무

▶ 표 6-6 ◀ **지방자치단체, 지방의회 등의 지원 정도** 단위: 명(%)

지방자치단체의 지원 정도	전혀 그렇지 않다	그렇지 않다	보통이다	그렇다	매우 그렇다	평균 (표준편차)	합계
자치단체장의 관심도	-	12 (13.0)	27 (29.3)	46 (50.0)	7 (7.6)	3.52 (0.82)	92 (100.0)
자치단체장의 지원 정도	-	14 (15.2)	35 (38.0)	42 (45.7)	1 (1.1)	3.33 (0.74)	92 (100.0)
지방의회의 관심도	2 (2.2)	15 (16.3)	47 (51.1)	28 (30.4)	-	3.10 (0.74)	92 (100.0)
지방의회의 감독기능 적정성	1 (1.1)	18 (19.6)	45 (48.9)	28 (30.4)	-	3.09 (0.74)	92 (100.0)
자치단체 공무원들의 관심도	1 (1.1)	20 (21.7)	39 (42.4)	27 (29.3)	5 (5.4)	3.16 (0.87)	92 (100.0)
시민의 재난관리 관심도	4 (4.3)	23 (25.0)	42 (45.7)	21 (22.8)	2 (2.2)	2.93 (0.86)	92 (100.0)

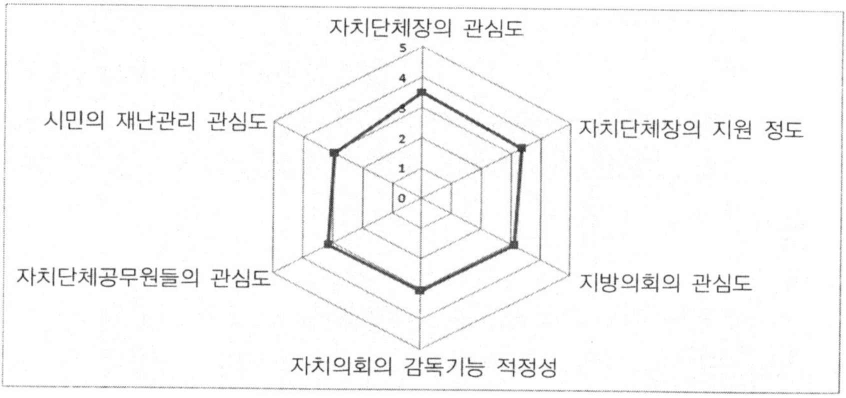

[그림 6-5] 지방자치단체, 지방의회 등의 지원 정도

에 대한 관심도 정도가 보통수준 이상인 것으로 나타났다.

시민의 재난관리 관심도 정도는 '보통이다' 42명(45.7%), '그렇지 않다' 23명(25.0%), '그렇다' 21명(22.8%), '전혀 그렇지 않다' 4명(4.3%), '매우 그렇다' 2명(2.2%)으로 시민들의 재난관리 업무에 대한 관심도는 보통수준 이하인 것으로 나타났다.

지방자치단체의 관심이나 지원 정도는 보통수준으로 나타났지만 좀 더 적극적인 관심과 지원을 받을 수 있도록 재난관련 사항의 필요성에 대한 체계적인 계획수립이 이루어져야 하며, 시민들의 인식개선을 위한 노력 또한 필요하다고 본다.

6. 직무만족도

<표 6-7>과 [그림 6-6]은 직무만족도에 대한 결과를 나타낸 것이다. 먼저 재난관련 부서의 선호도에 대해서는 '전혀 그렇지 않다' 31명(33.7%), '그렇지 않다' 28명(30.4%), '보통이다' 26명(28.3%), '그렇다' 7명(7.6%)으로 재난관련 부서에 대한 공무원들의 선호 정도는 보통수준 이하로 낮게 나타났다.

직무수행의 스트레스 정도는 '보통이다' 30명(32.6%), '그렇다' 30명(32.6%), '매우 그렇다' 24명(26.1%), '그렇지 않다' 6명(6.5%), '전혀 그렇지 않다' 2명(2.2%)으로 재난업무 수행 과정에서 스트레스를 어느 정도 받고 있다고 나타났다

업무과중 정도는 '보통이다' 43명(46.7%), '그렇다' 28명(30.4%), '매우 그렇다' 10명(10.9%), '그렇지 않다' 10명(10.9%), '전혀 그렇지 않다' 1명(1.1%)으로 재난관련 부서의 업무가 타부서에 비해 보통수준 이상으로 과중한 편이라고 나타났다.

전반적인 만족도는 '보통이다' 39명(42.4%), '그렇지 않다' 31명(33.7%), '전혀 그렇지 않다' 13명(14.1%), '그렇다' 9명(9.8%)으로 재난관련 직무에 대한 전반적인 만족도는 보통수준 이하로 나타났다.

직무만족도는 대체로 보통수준 이하로 나타났으며, 재난관련 부서 구성원들의 직무만족을 향상시키기 위한 업무비중의 분산 혹은 인력충원,

▶ 표 6-7 ◀ 재난담당 공무원들의 직무만족도

단위: 명(%)

직무만족도	전혀 그렇지 않다	그렇지 않다	보통이다	그렇다	매우 그렇다	평균 (표준편차)	합계
재난관련 부서의 선호도	31 (33.7)	28 (30.4)	26 (28.3)	7 (7.6)	–	2.10 (0.96)	92 (100.0)
직무수행의 스트레스 정도	2 (2.2)	6 (6.5)	30 (32.6)	30 (32.6)	24 (26.1)	3.74 (0.99)	92 (100.0)
업무과중 정도	1 (1.1)	10 (10.9)	43 (46.7)	28 (30.4)	10 (10.9)	3.39 (0.86)	92 (100.0)
전반적인 만족도	13 (14.1)	31 (33.7)	39 (42.4)	9 (9.8)	–	2.48 (0.86)	92 (100.0)

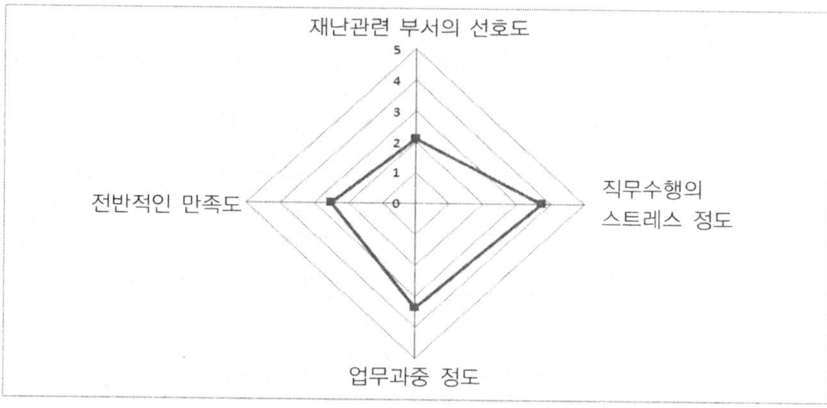

[그림 6-6] 재난담당 공무원들의 직무만족도

인식개선 등의 방안이 마련되어야 한다.

7. 재난관련 부서 공무원들에게 필요한 자질

재난관련 부서의 공무원들에게 가장 필요한 자질에 대한 인식 정도에 대해서 조사해 본 결과는 <표 6-8>, [그림 6-7]과 같다. 가장 먼저 전

▶ **표 6-8 ◀ 재난관련 부서 공무원들에게 필요한 자질** 단위: 명(%)

구 분	1순위	2순위
전문성	45(48.9)	25(27.2)
경험과 경력	32(34.8)	39(42.3)
순발력	10(10.9)	9(9.8)
봉사(희생정신)	5(5.4)	19(20.7)

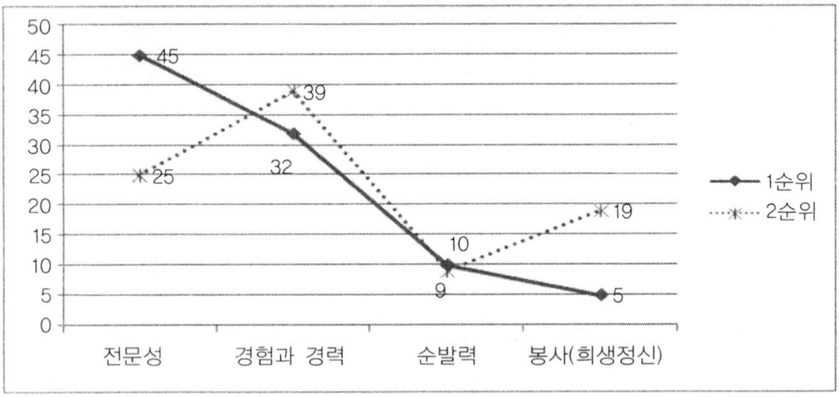

[그림 6-7] 재난관련 부서 공무원들에게 필요한 자질

문성을 필요하다는 의견이 45명(48.9%)으로 가장 높으며, 다음으로 경험과 경력 39명(42.3%)의 순으로 나타났다. 따라서 재난관련 업무를 담당하는 부서의 공무원들에게 전문성과 경험・경력을 제고할 수 있는 방안이 필요한 것으로 보인다.

제 7 장

지방자치단체 재난대응 행정시스템의 개선방안

재난은 인간이 예측한 대로 발생한다는 보장이 없다. 또한, 재난관리는 조직, 제도, 기술의 문제일 뿐만 아니라, 정치적 · 사회적 · 문화적 문제의 복합적 산물이라는 점에서 정책적 딜레마가 있다. 여기에서는 재난관리 이론이 제시하고 있는 정책수단들과 앞서 살펴본 미국과 일본의 사례연구가 주는 정책적 시사점, 기초지방자치단체의 재난 초동대응 행정시스템의 사례분석, 기초지방자치단체 재난담당 공무원들에 대한 인

▶ 표 7-1 ◀ 효율적인 재난 초동대응 시스템 확립을 위한 추진 과제

구 분	단위: 명(%)
예산의 확충	24(26.1)
조직 정비	23(25.0)
담당 공무원의 전문성 확보	18(19.6)
법률 · 제도 정비	14(15.2)
유관기관과의 협력 강화	5(5.4)
시민에 대한 재난교육 강화	7(7.6)
민간단체와의 협력 강화	1(1.1)

식분석 등을 논리적 근거로 하여 지방자치단체의 재난 초동대응 행정시스템의 개선방안을 제시하고자 한다.

1. 재난관리 예산의 확보

먼저 기초지방자치단체가 효율적인 재난 초동대응 행정시스템을 구축하기 위해서 가장 먼저 추진해야 할 정책과제에 대하여 재난관리 담당 공무원들의 인식을 조사한 결과는 <표 7-1>과 같다.

재난관리 담당 공무원들의 응답 결과, 가장 먼저 재난관리 예산의 확충을 추진해야 한다는 의견이 24명(26.1%)으로 가장 많았으며, 다음으로는 재난관리 조직의 정비가 23명(25.0%), 담당 공무원의 전문성 확보가 18명(19.6%), 관련 법률과 제도의 정비가 14명(15.2%)의 순으로 나타났다.

이와 같은 결과로 효율적인 재난대응을 위해서는 무엇보다 재난관리의 예산확충과 함께 재난관련 조직의 정비가 재난의 초동대응 행정시스템 확립을 위해 가장 중요한 과제라고 인식하는 것이다.

재난은 항상 존재하는 행정현상이 아니고 임시적·가변적인 성격을 갖고 있기 때문에 공공 부문에서 더욱 소홀하게 취급되어 왔다. 이러한 이유로 재난관리는 자연스럽게 정책결정자나 행정관료들에게 특별한 관심을 받지 못했다. 재난관리 업무는 최선의 상태가 '현상유지'라는 행정목표를 갖는다. 즉, 경제성장이나 교육 서비스 등과 같은 다른 행정업무와는 달리 목표달성과 발전이라는 유형의 목표도 없다. 그렇기 때문에 재난관리 영역은 별로 빛이 나지 않는 업무이다(황윤원, 1993: 623).

유능한 행정가는 사고없이 안정되게 행정이 진행되는 것을 최고의 가치로 삼는다. 그럼에도 불구하고 재난이 발생하지 않으면 이를 재난관리 행정가의 능력으로 인정하기 보다는 오히려 여타 업무를 담당하는 행정가의 치적으로 돌리는 것이 또한 재난관리를 소홀하게 취급하는 이유 중의 하나이다. 그러나 재난관리 업무가 그와 같은 이유로 인하여 정책결정자나 정치권에 의해 예산배정 과정에서 다른 업무와의 우선순위에서 배제되거나 밀려서는 안된다. 왜냐 하면 재난관리는 명백한 유형의 정책효과가 단기간에 나타나지는 않더라도 기회 비용적 차원에서 계산할 때 그 효과가 나타나는 행정 영역으로서 위험에 대한 철저한 대비와 예방에 대한 투자가 선행되지 않았을 때 재난상황을 맞게 되면 수많은 인명과 재산피해는 물론이고, 국가 전체 체계의 심각한 위기상황을 초래할 수 있기 때문이다. 우리나라도 선진국형 복지국가를 지향하여 나아가고 있는 현실 하에서 국가의 안정과 복지 측면에서 국민의 쾌적하고 안정된 생활을 유지할 수 있는 측면에서 재난에 대한 투자를 강화하여야 한다.

앞서 살펴본 바와 같이, 지방자치단체장의 재난관리 업무에 대한 관심도 정도는 '그렇다' 46명(50.0%), '보통이다' 27명(29.3%), '그렇지 않다' 12명(13.0%), '매우 그렇다' 7명(7.6%)으로 나타나 지방자치단체장의 재난관리 업무에 대한 관심도 정도는 비교적 높다고 볼 수 있다. 또한, 지방자치단체의 예산심의, 의결권을 갖는 지방의회의 재난관리 업무에 대한 관심도 정도는 '보통이다' 47명(51.1%), '그렇다' 28명(30.4%), '그렇지 않다' 15명(16.3%), '전혀 그렇지 않다' 2명(2.2%)으로 나타났다. 지방의회의 재난관리 업무에 대한 관심도 또한 보통수준보다 높은 것으로 나타나고 재난관리 업무에 매우 적극적이므로 효율적인 재난관리를 위해 긍정적으로 평가할 수 있다.

재난관리 재정은 단순히 재난이 발생한 후에 필요한 응급처리비나 복구에 소요되는 재원만을 포함해서는 안되고, 재난을 사전에 약화시키거나 방지하는 경비 및 재난의 인식과 평가에 수반되는 비용도 포함하여야 한다. 왜냐 하면 재난은 사전에 대비하는 것이 보다 중요하며, 주요 재난에 대한 체계적이고 효율적인 사전대비 접근법을 통해 예방에 치중하게 되면 지방재정을 절약할 수 있기 때문이다.

앞서 살펴본 바와 같이, 재난관리에 투입되는 예산은 미래에 나타날 수 있는 피해에 대한 사전적인 투입이라는 점에서 가시적이지 않고, 현실적이지도 않기 때문에 국가 자원배분에 있어서 항상 후순위에 있었다. 그러므로 이러한 정책방향을 전환하고자 한다면 재난피해에 대한 심도있는 연구와 조사가 필요하다. 특히 국가 재난관련 예산투입에 관한 이론적 틀이 정착되어야 하고, 이에 근거한 실증적인 분석이 보다 활발하게 이루어져야 한다. 이는 주어진 자원을 효율적으로 활용할 수 있는 방법이고, 예산낭비를 최소화할 수 있는 길이기도 하다(위평량, 2007: 410).

(재)희망제작소 재난관리연구소의 여러 차례에 걸친 학술세미나에서 재난관리 현장근무 공무원들의 발표 내용 및 면담 내용을 종합해 보면, 기초지방자치단체의 재난관리 예산의 부족을 심각한 문제점으로 지적하고 있으며, 또한 복구보다는 재난예방에 대한 예산의 중요성을 일관되게 주장하고 있다.

실제로 기초지방자치단체의 예산편성시 재난예방 및 대비에 필요한 예산은 새로운 사업에 대한 예산으로 간주되어 지방재정자립도가 열악한 실정에서 신규로 예산을 편성하기 어렵고, 또한 유형화된 효과가 발생하지 않기 때문에 예산편성에 포함하는 것이 현실적으로 어렵다. 그러나 복구예산은 전 년도에 책정되어 예산반영이 재난대비 예산에 비해 비교적 용이하게 사용할 수 있다.

결과적으로 풍수해 등 각종 재난에 대비한 소하천 정비사업, 재난대비 교육훈련비 등 예방예산의 부족 문제가 대두된다.

아울러 재난관리 기금도 기초지방자치단체의 재난대비 및 예방예산으로 사용할 수 있음에도 불구하고, 예산사용의 경직성 등 책임 문제 등으로 효율적으로 활용하지 못하고 있다.

앞서 지방자치단체 공무원들에 대한 인식조사에서도 살펴본 바와 같이, 재난대응 업무의 예산 규모 정도는 '보통이다'가 44명(47.8%), '그렇지 않다' 33명(35.9%), '그렇다' 11명(12.0%), '전혀 그렇지 않다' 4명(4.3%)으로 재난관리 부서 예산에 대하여 부정적인 인식이 많았고, 예산집행의 신속성 정도는 '보통이다' 51명(55.4%), '그렇지 않다' 24명(26.1%), '그렇다' 13명(14.1%), '매우 그렇다' 2명(2.2%), '전혀 그렇지 않다' 2명(2.2%)으로 재난발생으로 인한 예산집행의 신속성 정도가 보통수준 이하로 나타났다(<표 6-5> 참조).

무엇보다 재난대응 시스템을 효율적으로 운영하기 위해서는 무엇보다도 재난관리 서비스 제공에 필요한 예산의 충분성이 확보되어야 한다. 특히, 재난의 예측과 예방, 준비에 대한 예산의 충분성이 달성되어야 한다. 그럼에도 불구하고 현재는 재난발생에 따른 복구 중심의 예산이 불안정하게 배정 집행되고 있어 향후에는 이를 개선하기 위한 방안이 마련될 필요가 있다. 예산의 안정적 지원이 요구되는 경우에는 안전세(safety tax)를 신설하여 국민의 재난관리 서비스에 대한 규범적 기대를

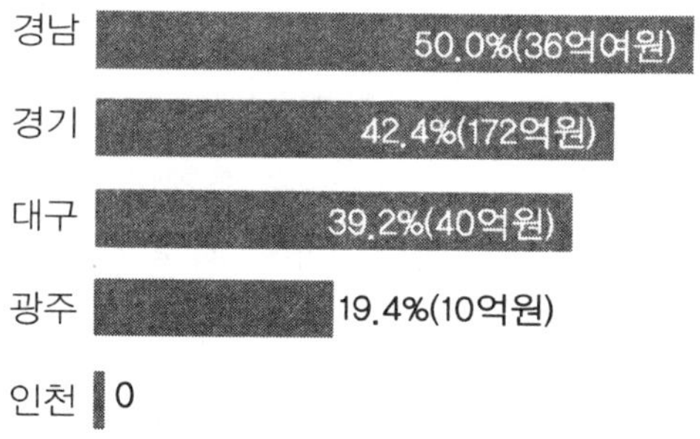

자료: 세계일보, 2007. 7. 31.

[그림 7-1] 재난관리기금 확보율

충족시켜 주는 방안을 모색할 수도 있다(이재은, 2007: 47).

또한, 재난관리기금의 효율적인 관리의 개선방안을 들 수 있다. 현재의 열악한 지방재정자립도를 감안하면 재난관리에 있어서 재원부족이 현실적으로 나타나는데, 향후 지방자치단체의 재정자립도를 감안하여 일반예산에 반드시 재난예방 사업으로 활용하도록 하는 기준을 제시하고, 동시에 재난관리기금을 활용할 수 있도록 융통성을 줄 필요가 있다(위평량, 2007: 411).

2. 지방자치단체 재난관리조직의 통합

재난관리조직의 목표는 국민의 안정된 삶을 보장하고 궁극적으로는 선진국형 복지국가를 지향하는 것이다. 아이러니컬하게도 재난관리조직의 가장 이상적인 상태는 공공 서비스를 생산하지 않는 상태이다. 즉, 재난관리에 있어서는 비상사태가 적을수록 더 성공적인 조직이다. 아울러, 재난관리조직이 갖는 중요한 특성의 하나는 해결하여야 할 과업의 내용이 일정하지 않다는 점이다(김영평, 1995: 15).

재난관리조직은 정기적으로 산출물을 만들어내는 조직과는 그 성격을 전혀 달리 한다. 왜냐 하면 일반행정조직은 매일 그들에게 주어진 과업을 수행하며, 그 활동에 따라 업적을 평가받는다. 반면에 재난관리조직은 매일 일상화된 정해진 업무가 있는 조직이 아니기 때문이다. 즉, 재난이 발생하지 않으면 이 조직이 제대로 활동을 하는지 혹은 하지 않는지 알기가 매우 힘들다. 그렇다고 재난관리조직이 재난발생을 대비하여 만반의 대비를 소홀히 하거나 경각심을 늦추는 경우 재난발생시 이는 대형사고로 발전될 가능성이 높다.

재난은 예측의 불확실성과 재난관리(예방, 대비, 대응, 복구)의 상호작용성이라는 특성으로 인해 분산관리보다는 통합관리가 더 효율적일 수 있다(한상대, 2004: 119-122, 김향식, 2001: 67).

분산관리 방식은 부처간 할거주의(sectionalism)로 인해 대응기관의 이질성, 지휘체계의 혼선, 정보공유 및 협조체계의 미흡, 업무중복에 따른 자원 및 행정력의 비효율성, 현장 활동 지원 및 전문성의 부족 등을 더욱 심화시킬 수 있다.

재난에 대응하는 기관은 재난안전대책본부와 긴급구조통제단뿐만 아니라 지방경찰청, 기상대, 기타 재난유형에 따라 관여하는 기관들이 많다. 홍수와 태풍의 경우에는 시 · 도 재난관리 담당 부서와 한국전력공사, 수자원공사 등 많은 부서가 활동하게 된다. 즉, 지방자치단체의 경우에는 중앙과 같이 재난유형에 따라 대응하는 기관들이 달라진다. 한 마디로 많은 지방의 재난대응기관들이 존재하게 되는데, 이들 기관들은 자신들만의 고유 영역을 고집하다 보니 간섭과 지시를 받는 것을 기피하여 부처이기주의가 발생한다(류상일, 2007: 202).

또한, 우리나라 지방자치단체의 경우는 재난관리 역량이 매우 열악한 형편이다. 더군다나 총액인건비제 등의 시행으로 인해 정책 및 예산우선 순위에서 재난관리 영역은 항상 후순위에 놓일 가능성이 더욱 커졌다. 따라서 현재 유사업무이면서 분리되어 있는 기능인 소방, 민방위, 방재, 안전관리 등을 통합하여 재난관리조직의 역량을 제고시킬 필요가 있는 것이다.

또한 이렇게 지방정부의 재난관리조직이 통합되어야 중앙정부의 재난관리조직이 소방방재청으로 통합된 진정한 의미를 살릴 수 있고, 중앙과 지방 재난관리조직의 연계성을 통한 국가 및 지방 재난관리의 시너지 효과를 얻을 수 있다(한상대, 2004: 122).

앞서도 제시한 바와 같이 기초지방자치단체의 재난관리 담당공무원들에 대한 인식조사에서도 재난관리체제의 통합성을 평가한 결과를 나타내면 <표 6-2>와 같이 나타나고 있다. 재난신고체계의 일원화에 대한 필요성에서는 '그렇다' 55명(59.8%), '매우 그렇다' 27명(29.3%), '보통이다' 8명(8.7%), '전혀 그렇지 않다' 2명(2.2%)으로 나타났다. 대체로 재난신고 체계의 일원화가 필요하다고 인식하고 있었다.

이처럼 재난관리 조직의 통합에 대한 기본방향에는 찬성하더라도 통합대상의 구체적 기능과 조직에 대해서는 다양한 의견 제시가 가능하다. 그러므로 통합을 하되 지방정부간의 재난의 특성에 따라 약간의 변형이 가미될 수 있을 것이다. 여기서는 소방, 안전관리, 방재, 민방위를 통합하는 안[1]을 제시하고자 하며, 그 논리적 근거는 다음과 같다(양기근 외, 2005).

첫째, 소방, 안전관리, 방재, 민방위 조직을 통합해야 하는 이유는 2004년 6월 1일 개청된 소방방재청이 소방, 안전관리, 방재, 민방위를 통합하는 조직형태를 가지고 있기 때문이다. 우리와 같이 국토가 협소한 경우는 지방정부와 중앙정부의 재난관리가 따로 따로 일 수 없는 경우가 많다. 그러므로 중앙과 지방의 유기적인 협조 하에 재난관리가 효율적으로 될 수 있도록 하는 것이 무엇보다 필요하다.

둘째, 단순한 조직의 통합을 넘어 이질적인 조직문화와 조직구성원의 통합이 무엇보다 필요하다. 이는 기존의 소방방재본부 등으로 통합된 서울, 인천 등의 사례에서도 나타나고 있는 바와 같이 단순한 조직만의 통합은 직렬간 조직의 갈등 등으로 효율적 재난관리에의 어려움이 뒤따르기 때문이다. 이러한 문제를 해결하기 위해서는 일반, 소방, 전산 등 여러 직렬로 되어 있는 소방방재본부 구성원들의 직렬을 향후 재난관리 직렬로 통합할 필요가 있다.

또한 재난관리 직렬의 신설은 재난관리(소방, 안전관리, 방재, 민방위 등) 업무의 전문성을 제고하기 위해서도 반드시 필요하다.

---

1) 이는 인적 재난과 자연재난을 관리하고 있는 기능과 조직을 모두 통합하는 방안으로 통합 사례에서 본 제주도의 소방재난관리본부 모델에 해당한다.

앞서 지방자치단체 공무원들을 대상으로 한 재난관련 직렬 신설의 필요성 정도를 묻는 질문에 대하여 '그렇다' 33명(35.9%), '보통이다' 32명(34.8%), '그렇지 않다' 14명(15.2%), '매우 그렇다' 12명(13.0%), '전혀 그렇지 않다' 1명(1.1%)으로 재난관리 직렬 신설의 필요 정도가 보통수준 이상으로 나타났다(<표 6-4> 참조). 향후 재난관리 직렬이 신설되면 잦은 순환보직(rotation)으로 인한 전문성의 저하는 어느 정도 해결될 수 있기 때문이다.

이와 같은 재난관리 직렬의 신설은 경찰청의 수사경과제의 사례가 하나의 모델이 될 수 있다.

기초지방자치단체의 재난관리 업무와 유사하게 경찰 내의 수사 부서는 경찰공무원들에게 기피부서이면서 승진이 어렵고, 매우 고된 업무로 간주되어 왔다. 이와 같은 문제를 해결하고 수사경찰의 전문성을 제고하기 위해 경찰청에서는 수사경과제를 운영하고 있다.

여기서 수사경과제[2]란 수사경찰을 일반경찰과 분리해 독립적인 인사, 교육 시스템을 갖추어 운영하는 제도로서 수사경찰을 수사부서에서만 평생 근무하도록 보장함으로써 수사경찰의 전문성과 역량을 강화하는 것이다(조호대, 2006: 107).

셋째, 민방위 업무는 재난훈련 등이 주가 되는 재난대비 훈련으로 개편되었다. 이렇게 볼 때 기존의 민방위 업무의 성격은 전시대비에서 재난대비로 바뀌게 된다. 따라서 민방위 기능과 조직도 재난관리 기능과 조직으로 통합되어야 한다.

---

2) 현재 우리나라의 경찰은 수사경찰의 역할을 한층 강조한 수사경찰의 체계적인 인사운용방안을 2005년 1월 1일부터 시행하여 오고 있다. 일반적으로 경찰은 총경 이하의 경찰공무원을 신규임용할 때는 경과(警科)를 부여한다. 기존의 경찰공무원은 일반경과, 보안경과, 특수경과(해양, 운전, 항공, 정보통신)로 구분되어 있었고, 수사경찰은 일반경과에 해당되어 있었다. 수사경과제는 수사경찰의 전문성을 제고하여 경찰 수사역량을 강화하기 위해 일반경과에서 분리하여 별도의 '수사경과'를 신설하고, 타 기능과는 별개의 선발, 인사, 승진 시스템에 의해 운영되는 것을 말한다.

넷째, 소방, 안전관리, 방재, 민방위의 통합에서 한 발 더 나아가 민간과의 협력을 할 수 있는 조직이 설계되어야 한다. 재난관리는 공공 부문만의 능력으로는 일정한 한계가 있다. 그래서 민간 부문과의 협력이 무엇보다 필수적이다. 따라서 시민사회와 협력할 수 있는 로컬 거버넌스 관점에서 지방자치단체의 재난관리조직이 통합되어야 한다.

다섯째, 재난관리조직의 통합에서 가장 시급하고 중요한 것은 상황실의 통합이다. 재난은 재난의 특성상 초동단계가 가장 중요한데, 이러한 초동단계의 대응능력을 좌우하는 것이 상황관리이기 때문이다. 우리나라의 신고체계는 대응기관별로 화재·구조·구급은 119, 전기사고는 123, 환경오염은 128, 응급환자는 1339, 가스사고는 0019 등 너무 복잡하다.

앞서 살펴본 바와 같이, 지방자치단체의 재난담당 공무원들의 인식분석 결과에서도, 지방자치단체의 재난대응 상황관리체계의 통합의 필요성에 대한 인식은 '그렇다' 60명(65.2%), '매우 그렇다' 24명(26.1%), '보통이다' 7명(7.6%), '전혀 그렇지 않다' 1명(1.1%)으로 나타났으며, 상황관리를 통합하여 운영하는 시스템이 구축되어야 한다고 인식하고 있었다(<표 6-2> 참조).

미국의 사례를 살펴보면, 911 시스템으로 재난신고체계가 일원화되어 있으며, 일본은 우리나라 화재신고 번호와 같이 119로 통합재난관리 신고체계를 운영함으로써 각종 재난에 신속히 대응하고 있다. 우리나라도 교통사고, 붕괴사고, 화재·구조·구급사고 등 각종 사고시에 보편적으로 이용되고 있는 119로 신고체계와 상황관리를 통합 운영하는 행정시스템의 구축이 필요하다.

3. 단체장 직속 재난관리 전담 부서 설치 및 자원봉사자 연계성 구축

앞서 살펴본 바와 같이, 재난관리조직은 정기적으로 산출물을 만들어 내는 조직과는 성격을 전혀 달리 한다. 왜냐하면 일반행정조직은 매일 그들에게 주어진 과업을 수행하며, 그 활동에 따라 업적을 평가받는다. 그 반면에 재난관리조직은 매일 일상화된 정해진 업무가 있는 조직이 아니기 때문이다. 즉, 재난(위기상황)이 발생하지 않으면 이 조직이 제대로 활동을 하는지 혹은 하지 않는지 알기가 곤란하다. 그렇다고 재난관리조직이 재난발생을 대비하여 만반의 대비를 소홀하게 하거나 경각심을 늦추는 경우 재난발생시 이는 대형사고로 발전될 가능성이 높다. 따라서 재난관리조직은 조직의 운영, 업적의 평가척도, 인력관리 등 모든 측면에서 다른 행정조직과는 차별적으로 운영되어야 한다. 어떠한 상황에서도 효과적으로 대응할 수 있는 최고의 인력과 최고수준의 장비가 갖추어져 있어야 한다.

우리나라 재난관리 조직에 대한 낮은 평가는 우수인력의 유치를 어렵게 만들었고, 인력의 전문성을 위한 교육투자도 미약하였다(박동균, 1995: 43).

재난관리 분야의 직무는 각종 위험으로부터 국민의 안전을 확보하고, 궁극적으로는 행정서비스의 수혜 대상자인 국민의 삶의 질을 향상시키는 전문적인 직무 분야이다. 이는 전문적인 지식과 기술을 가진 전문가에 의하여 수행되어야 한다. 따라서 이와 같은 재난관리 인력의 전문성 확보가 절실히 요청된다.

현재 기초지방자치단체의 재난상황관리에 종사하는 공무원들은 일반업무를 담당하면서 상황관리 업무를 병행하고 있다. 게다가 앞서 살펴본 바와 같이 잦은 인사이동으로 재난상황관리 전문지식을 갖춘 전문인력이 부족한 상태이다. 또한 다양한 유형의 재난상황을 관리하기 위해서는 총괄조정 기능을 수행할 수 있을 정도의 조직서열이어야 하지만 현재는 매우 낮은 서열에 위치해 있다([그림 5-9], [그림 5-10] 참조).

따라서 효율적인 기초지방자치단체의 재난 초동대응 시스템을 확립하기 위해서는 기초지방자치단체의 실질적인 재난총괄, 조정기능을 확보할 수 있도록 단체장 직속의 재난관리실을 신설해야 한다. 즉, 지금의 과(課) 단위의 부서를 실(室) 단위로 상향 조정하여 재난관리 조직을 확대·개편해야 한다.

아울러, 일반 업무를 제외한 상황관리 업무를 전담하는 전문인력을 확보해야 한다. 재난관리자는 각종 재난의 유형에 따른 기술적 전문적 지식뿐만 아니라 심리적·사회적·정치적 및 경제적 일반지식도 갖추고 있어야 한다. 이와 같은 전문적인 재난관리자의 자질요건으로서 G. B. Siegel(1985: 115)은 재난에 관련된 지식(knowledge), 기술(skill), 능력(abilities)을 들어 약자로 KSAs로 표기하기도 한다.

재난관리 전문인력을 확보하는 방안으로써 전보 제한제를 철저하게 시행하고, 기술직(전산직 및 통신직) 직원을 충원해야 한다.

또한, 평소 재난시설물들의 안전점검을 실시하고, 재난발생시 재난현장에 출동하여 재난수습을 전담하는 기동대응팀[3]을 신설하는 방안도 검토할 필요가 있다(권건주, 2007: 88).

재난발생시 초동대응 단계는 엄청난 충격과 함께 인명 손상 및 물질적 손실이 발생할 가능성이 높은 시기이다. 이 때, 재난 지역의 주민을 비롯한 공공기관의 실무요원들 또한 재난으로 인한 혼란에 직면한다. 준비된 재난관리체계가 비상관리를 시작하지만, 여전히 긴급하게 많은 인력이 필요하다. 따라서 자원활동이 긴급히 요구되는 한편 재난관리체

3) 현재 재난현장 기동대응팀이 없어 재난발생시 내부업무와 외부 현장업무를 함께 수행하므로 재난현장 수습역량이 열악한 실정이다.

자료: 구글 블로그, http://www.google.co.kr의 재구성.

[그림 7-2] 자원봉사자들의 사전 교육

계의 업무 흐름을 방해해서는 안되는 시기이기도 한다.

따라서 자원봉사자들의 활동은 공공기관의 책임 부서와 밀접한 공조 체제를 구축하고, 재난관리 명령계통에 따라 필요한 업무지원을 한다(최남희, 2007: 460).

현재 우리나라의 각종 재난현장에 도착하는 무수한 자원봉사자들은 체계적으로 교육과 훈련을 받은 사람들이 아니다. 각각의 인도적인 신념으로 재난현장에 도착하여 피해 지역에서 무엇인가 좋은 일을 하려는 의지가 그대로 좋은 결과로 이어지는 것은 아니다. 그들은 현지의 사정이나 재난관련 기반조건에 대한 이해가 부족하고, 주민들의 행동 양식을 제대로 이해하지 못하는 경우가 많다. 뿐만 아니라 재난관리를 전체적으로 조망하고 판단할 수 있는 시스템이 갖추어져 있지 않다면 개별적인 자원봉사자들은 임의적으로 사태를 판단하거나 매우 좁은 관점에서 문제해결을 시도한다.

이런 관점에서는 재난자원 봉사활동은 전체 재난관리 시스템 안에서 잘 기획되고, 조직화되어야 하며, 관리 통제될 필요성이 있다. 이와 함께 포괄적인 재난관리의 전 과정에서의 재난관리 봉사활동을 고려하고 조직적으로 체계화할 필요도 있다(최남희, 2007: 458).

그리고 재난현장에 투입될 자원봉사자들의 합동간담회, 재난현장 자원봉사단체 합동 상황실 운영 등의 방안도 시급히 요청되는 과제라고 할 수 있다.

4. 재난관리 담당 공무원에 대한 교육훈련 및 사기양양

앞서 기초지방자치단체가 효율적인 재난 초동대응을 위해서 가장 먼저 추진해야 할 정책과제에 대하여 재난관리 담당 공무원들에 대한 인식을 조사한 결과, 재난관리 담당 공무원들의 전문성 확보가 18명(19.6%)으로 세 번째 중요한 과제라고 나타났다(<표 7-1> 참조).

또한, 재난관리 담당 공무원들의 전문성 정도에 대한 자기평가에서는 '보통이다' 55명(59.8%), '그렇다' 18명(19.6%), '그렇지 않다' 10명(10.9%), '매우 그렇다' 5명(5.4%), '전혀 그렇지 않다' 4명(4.3%)으로 재난관리와 관련한 공무원들의 전문성이 보통수준 이상인 것으로 응답했다. 현재의 재난 교육훈련의 정도는 '보통이다' 51명(55.4%), '그렇지 않다' 25명(27.2%), '그렇다' 10명(10.9%), '매우 그렇다' 4명(4.3%), '전혀 그렇지 않다' 2명(2.2%)으로 재난관리를 위한 적절한 교육훈련의 수행정도가 보통수준 이하로 나타났으며, 교육훈련의 필요성 정도는 '그렇다' 50명(54.3%), '보통이다' 18명(19.6%), '매우 그렇다' 16명(17.4%), '그렇지 않다' 8명(8.7%)으로 재난관리 담당자들의 전문성 제고를 위한 교육이 어느 정도 필요하다고 나타났다(<표 6-4> 참조).

아울러 재난관련 부서의 공무원들에게 가장 필요한 자질에 대한 인식정도에 대해서 조사해 본 결과에서도 동일한 결과를 나타내고 있다(<표 7-8>, [그림 7-7] 참조). 즉, 재난관련 부서 공무원들에게 가장 먼저 전문성이 필요하다는 의견이 45명(48.9%)으로 제일 높으며, 다음으로 경험과 경력 39명(42.3%)의 순으로 나타난 것이다.

이와 같은 재난관리 담당공무원들의 전문성에 대한 자기평가에서 나타난 바와 같이, 재난업무의 전문성 확보를 위해서는 무엇보다 이들에 대한 적실성 있는 교육훈련이 필수적이다.

재난관리 조직의 목표는 구성원이 담당하고 있는 수많은 직무가 성공적으로 이루어질 때 달성된다. 성공적인 직무수행은 이를 담당한 사람이 직무수행에 필요한 능력과 태도를 갖추고 있을 때 가능한 것이다(유민봉, 2005: 218).

일반적으로, 교육훈련은 직무수행 능력을 향상시킬 목적으로 지식, 기술, 태도, 가치관의 변화를 촉진하는 계획된 활동이다. 즉, 조직 구성원의 일반적인 소양과 능력을 개발하고 직무수행에 필요한 지식과 기술을 향상시키며, 가치관과 태도를 바람직한 방향으로 변화시키는 활동이다(이황우, 2005: 338).

교육훈련은 개인의 일반적인 잠재능력을 종합적으로 계발해 나가는 것을 뜻하는 교육(education)과 직무수행에 필요한 기술과 능력을 보충하는 의미의 훈련(training)이 합쳐진 말이다.[4] 그러나 오늘날에는 훈련의 성격을 넓게 인식하고 용어 또한 교육과 훈련을 병기하여 교육훈련으로 표현하는 것이 일반적이다(이황우 · 조병인 · 최응렬, 2004: 165).

재난관리 담당 공무원들에 대한 교육훈련의 기본적인 목적은 직무수행에 필요한 지식과 기술을 함양하고, 가치관을 정립하여 재난 업무를 원만하게 처리하려는 것이다. 여기서, 교육훈련은 훈련수요의 충족에 의하여 재난관리 조직의 통합성을 유지하고 증진시키며, 재난 업무의 능률적인 직무수행과 낭비 배제 및 발전을 이루려는 것이다. 또한, 교육훈련을 받는 개인이 만족스러운 재난관리 업무를 할 수 있도록 해주고, 그에게 발전의 기회를 제공하려는 것이며, 다음과 같은 목적을 가지고 있다(John L. Sullivan, 1997: 238-239).

---

4) 교육과 훈련의 두 개념을 구분할 만한 특별한 실익은 없으며, 교육훈련이라는 말로서 두 개념을 포괄하여 이해하면 될 것이다(유민봉, 2005: 218).

자료: 구글 블로그, http://www.google.co.kr의 재구성.

[그림 7-3] 교육훈련

첫째, 재난관리 직무수행 능력의 향상과 효율화를 기할 수 있다. 둘째, 재난관리 업무를 수행하는 데 있어서 부적격자를 배제할 수 있다. 셋째, 직무습득에 소요되는 노력과 시간의 절약을 기할 수 있다. 넷째, 재난관리 공무원의 사기를 제고시킬 수 있다. 다섯째, 충성심을 고취하고, 경력발전을 기할 수 있다.

재난관리 담당 공무원들에 대한 교육훈련은 대상을 선별하고 세분화하는 것과 함께 컨텐츠를 적정하게 편성하여 필요한 만큼 교육을 시키는 것이 필요하다. 이런 점에서 재난관리 교육의 전문성이 강화되어야 한다. 그러나 이와 함께 전문화된 교육일수록 학습에 대한 동기유발이 적절하게 이루어져야 하고, 필요한 교육시간을 확보하는 일이 중요하다.

교육 방식과 관련해서는 재난관리 본연의 업무에서 벗어나 휴식을 취하게 하는 수단이 되거나 교육시간만 때우는 식의 형식적 교육을 탈피하고 체계적이고 심도있는 교육을 실시하여야 한다. 또한 이론교육과 현장실습 등을 병행하고, 새로운 기법 소개 등 동기유발이 가능한 교육프로그램을 지속적으로 개발할 필요가 있다. 한편 교육의 통일성과 시간 확보 등을 위해 온라인 교육 내지 통신교육도-그에 대한 적정한 평가가 병행될 수 있다면-입소교육과 함께 보완적으로 검토해 볼 만하다

(신양균, 2007: 309).

현재 기초지방자치단체의 상황실의 대부분은 7급 이하 직원 1명이 근무하는 관계로 업무부담이 과중되고 있다. 근무시간은 주간근무자 9시간, 야간 근무자 15시간을 근무하여 업무환경이 열악하고 따라서 사기가 많이 떨어져 있다.

앞서 <표 6-7>과 [그림 6-6]에서 살펴본 바와 같이 재난담당 공무원들의 재난관련 부서의 선호도에 대해서는 '전혀 그렇지 않다' 31명(33.7%), '그렇지 않다' 28명(30.4%)가 전체 응답자의 64.1%가 재난관리 부서를 비선호부서로 생각하고 있으며, 재난직무 수행의 스트레스 정도는 '보통이다' 30명(32.6%), '그렇다' 30명(32.6%), '매우 그렇다' 24명(26.1%), '그렇지 않다' 6명(6.5%), '전혀 그렇지 않다' 2명(2.2%)으로 재난업무 수행 과정에서 스트레스를 어느 정도 받고 있다고 나타났다.

또한, 재난업무 과중 정도는 '보통이다' 43명(46.7%), '그렇다' 28명(30.4%), '매우 그렇다' 10명(10.9%), '그렇지 않다' 10명(10.9%), '전혀 그렇지 않다' 1명(1.1%)으로 재난관련 부서의 업무가 타부서에 비해 보통수준 이상으로 과중한 편이라고 나타났으며, 전반적인 만족도는 '보통이다' 39명(42.4%), '그렇지 않다' 31명(33.7%), '전혀 그렇지 않다' 13명(14.1%), '그렇다' 9명(9.8%)으로 재난관련 직무에 대한 전반적인 만족도는 보통수준 이하로 나타났다.

이러한 문제를 해결하기 위해서는 무엇보다 재난상황 근무인원을 확충하여야 한다. 21세기 안전사회 구축을 위하여 재난, 안전, 소방 등의 분야만큼은 담당공무원의 인력을 확충하여야 하겠다.

또한, 재난관리 담당 공무원들의 근무여건 개선 및 사기 제고방안의 한 예로서 상황근무자의 3교대제, 근무성적평정시 우대 등을 고려할 수 있다.

아울러 국내 방재전문교육기관(국립방재교육연구원, 소방학교 등) 및 시・도공무원교육원 등에 전문 재난상황관리자 과정을 신설하는 방안과 재난관리 담당 공무원들에 대한 해외 연수(미국의 FEMA 등) 등을 적극적으로 실시할 필요가 있다. 이와 같은 해외연수는 재난관리 담당 공무원들에 대한 사기앙양 및 전문성 확보 등 다양한 측면에서 효과가 있을 것으로 기대된다.

또한, 지역에 소재한 대학과의 연계를 통한 교육훈련의 내실화 등을 고려해 볼 수 있다. 한 가지 사례로써 소방방재청과 서울시립대학교가 계약학과를 설치[5]하여 운영하는 경우를 들 수 있다. 본 연구의 공간적 범위인 강릉시와 평창군의 경우, 지역에 소재한 강릉대학교, 강원대학교, 관동대학교 등과 계약학과 또는 연계교육 등을 실시하여 등록금은 지방자치단체에서 부담하고, 대학은 재난업무에 대한 내실있는 교육을 실시함으로써 학사, 석사, 박사 학위과정을 운영하는 것이다.

아울러 주기적인 세미나와 워크샵 등을 개최함으로써 관련 학술 및 연구 정보의 교류, 새로운 대안의 개발과 도출할 수 있다.

본 연구에서 재난관리 담당공무원들에 대한 면담조사 결과, 현재 재난관리의 최일선 현장에서 초동대응 및 복구 및 구호 등의 업무를 수행하고 있는 통・리・반장에 대한 교육훈련이 거의 전무한 상태이다. 아울러 재난관리의 업무를 수행하고 있는 민간단체와 자원봉사자들에 대한 교육 및 사전 간담회를 통한 시스템 구축도 거의 이루어지지 못하고 있는 실정이다.

---

5) 서울특별시 소방방재본부는 소방전문 인력 양성 및 사기 진작을 위한 방안으로서 서울시립대학교와 위탁교육을 체결하고, 교육부의 승인을 받아 소방공무원 50명을 대상으로 소방방재학 정규학사과정을 운영한다고 밝혔다. 서울시립대학교와 4년간 계약을 체결하여 이후에 대학 측의 출장강의로 외근근무 형태에 맞추어 격일 강의가 이루어지며, 학사관리는 본교 학생들과 동일하게 관리된다. 자격은 고졸 이상으로 서울시 근무경력 1년 6월 이상인 소방공무원을 추천받아 심사를 거쳐 선발했으며, 수업료의 50%를 시에서 지원해 준다. 이번 학사과정 지원자들은 대부분 10년 이상 화재진압, 예방 분야, 구조・구급 분야에서 현장실무를 거친 소방공무원이다(연합뉴스 보도자료, 2007. 8. 5).

따라서 효율적인 재난 초동대응 행정시스템의 확립을 위해서는 통·리·반장과 민간모니터 요원, 풍수해 감시인, 지역자율방재단, 자원봉사단체 등 재난현장 정보원에 대한 지속적인 교육훈련이 적실성 있게 이루어져야 한다.

5. 재난정보시스템의 확립

재난관리는 초동단계의 대응이 가장 중요하다. 이러한 초동단계에서의 대응의 성패는 분·초를 다투는 시간과의 싸움에 달려 있으며, 이는 곧 정보관리와 직접적으로 연계된다.

재난관리에서 중요한 것은 재난관리의 전 과정에 수많은 행정기관 및 관련 단체, 조직, NGO 등이 참여 또는 지원되기 때문에 정보의 공유는

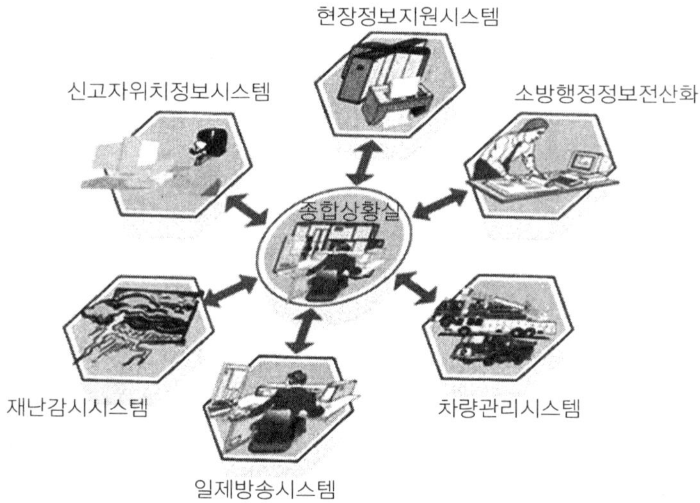

자료: 구글 블로그, http://www.google.co.kr의 재구성.

[그림 7-4] 재난정보시스템

물론 조직간의 신속한 의사전달, 자원의 파악 및 분석에 따른 동원 및 지원요청이다.

재난의 현장에서 소요되는 특별한 지원기술이나 장비의 보유업체나 기관 등의 정보관리 및 지원 또는 동원, 다수의 사상자 발생에 따른 의료기관의 수용능력, 의료관리에 따른 전산망을 통한 정보의 공유는 필수적이다. 이러한 재난정보의 관리를 재난관리 주관기관이나 조직과 연계시켜 관리하면 보다 높은 재난관리 효과를 기대할 수 있으며, 재난현장에서 다원적 참여조직들간의 원활한 의사전달 및 정책결정, 위험성 평가, 상황평가, 자원의 분석 및 평가 등에서도 높은 활용도를 기대할 수 있다(장석화, 2002: 181).

특히, 각종 재난으로부터 위험을 예방하고, 피해를 최소화하기 위한 조기경보시스템의 구축과 재난이 발생하였을 때, 신속한 처리를 위하여 유관기관과의 협조체제 구축은 중요한 과제이다.

미국과 일본의 재난정보시스템 구축 사례를 살펴보면 다음과 같다. 먼저 미국의 재난정보시스템의 특징은 담당업무의 세분화 및 SOP/Check List에 의한 체계적 구조와 유관기관간의 업무협조(유관기관간의 자원, 업무 및 의견차이) 및 조정을 위한 조직 및 시스템을 보유하고 있다는 점이다.

지방정부는 일선 부서 위주로 시스템이 구성되어 있고, 국민들이 함께할 수 있는 구조를 갖추고 있다. FEMA가 필요로 하는 여러 기관 및 다양한 정보를 연계할 수 있는 기술적(시스템, 데이터 등), 설비적(통신 등) 기반을 보유하고, 재난유형별로 대응, 평가, 지원, 분석을 위한 인공지능 시뮬레이션시스템을 구축하고 있다(정선영, 2005: 81).

또한, 일본의 재난정보시스템의 특징을 살펴보면, 일본은 재난유형별로 재난관리시스템을 구성하고 사전감시 기능을 강화하였으며, 체험센터와 같은 시민들이 함께하는 업무구조 및 시스템 구조를 보유하고 있다. 기상 및 재해의 상황전개를 대상자 및 국민에게 신속하고 정확하게 알리는 시스템이 강력하게 추진되고 있으며, 유관기관과의 업무 교환 및 업무협조를 위한 체계적 구조를 보유하고 있다. 지방자치단체도 독자적인 재난관리체제를 구축하고 있으며, 국민이 국가로부터 단순히 재난정보를 제공받는 입장이 아닌 재난발생시 재난정보의 상시 제공과 일선 부서 위주의 시스템으로 시·군·구 및 읍·면·동에까지 재난관리 시스템이 보급되어 있으며, 일선 부서의 운영인력을 최소화하기 위해 자동화 시스템 및 이동차량 등을 도입하고 있다(정선영, 2005: 79).

이와 같이 미국과 일본의 재난정보시스템의 사례를 살펴보면, 첫째, 미국과 일본의 경우, 재난관련 기관이 첨단과학기술을 이용한 재난관리 정보시스템을 도입하여 운영하고 있으며, 전문인력을 이용해 각종 시스템의 종합관리체계를 구축하고 있다.

둘째, 위성통신망을 기반으로 재난관리 통신망을 구축하여 운영하고 있으며, 국가주도 하에 과학기술 인프라 구축에 힘쓰고 있다.

셋째, 재난상황의 실시간 관리 및 관련정보의 서비스를 실시하고, 유관기관의 재난관리정보를 종합관리하며, 관련 정보기관의 공유시스템을 확립하고 있다.

넷째, 재난상황 등을 재난방송, 인터넷 등을 통해 국민과 관련기관에게 실시간으로 제공하고 있다(정선영, 2005: 81).

우리나라의 경우, 현재 지방자치단체의 각종 재난에 대한 재난현장관리 시스템에 있어서 집계 위주, 보고 위주의 상황관리 시스템 개발로 인해서 부서간, 유관 기관간 재난현장을 지원하는 모바일 시스템이 미흡한 실정이다.

그리고 재난현장은 재난전문기관이 도착하기 이전에 자원봉사단체, 지역자율방재단, 의용소방대 등 일반시민들이 가장 먼저 도착한다. 하지만 이들로부터 재난정보를 취득할 수 있는 시스템이 구축되지 않았다.

이와 같은 문제점을 해소하고 재난발생시 신속하게 대응하고, 현장을 효율적으로 지원할 수 있도록 하기 위해서는 현장 유관기관간에 정보 공유기능 및 모바일 기능을 강화해야 한다. 아울러 핸드폰 화상 및 문자 전송 수신시스템 구축, 민간자원관리시스템을 개발하여 보급하는 것이 필요하다.

궁극적으로는 재난관련 유관기관들끼리 통합적으로 운영할 수 있는 종합적인 재난정보관리시스템을 구축 운영하여야 하며, 전문통신망 확보를 비롯하여 전문인력을 통한 각종 시스템의 종합관리가 가능하도록 힘써야 할 것이다.

제8장

지방자치단체 재난대응 연구의 함의

최근 우리나라에서는 여러 가지 유형의 대형사고와 재난상황을 경험하면서도 이에 대한 철저한 문제의식과 성찰의 부족 등으로 또 다시 위험과 재난이 발생하고 있다.

우리 사회에 최근 잇따라 발생하고 있는 사고들은 긍정적인 측면에서 본다면, 우리가 위험에 대한 사회적 학습을 획기적으로 증진시킬 수 있는 귀중한 기회로 볼 수 있다. 최근에 발생한 재난사태들은 우리로 하여금 한 사회가 진정한 산업사회・기술사회가 되기 위해서는 그것이 수반하는 위험을 효과적으로 다루어 계속 진보할 수 있게 하는 복원능력을 갖추어야 한다는 사실을 깨닫게 해주었다. 안전은 궁극적으로는 경제적 풍요와 기술적 진보에 의존하는 문제이며 끝없이 탐색되어야 할 문제라고 할 때, 우리도 이제 위험을 외면하거나 도외시하려고 할 것이 아니라 이에 정면으로 도전하는 자세가 필요하다.

우리나라에서 그동안 발생해 온 재난사고들의 특성을 살펴보면, 첫째, 재난의 발생양상이 점차 다양화・대형화되고 있으며, 둘째, 각종 재난은 도발적・가변적으로 불확실성이 점차 증가하고 있고, 셋째, 재난에 대해

대응해야 하는 시간이 극히 짧아져서 재난관리를 위한 평상시 예방의 필요성이 중요하게 대두된다.

재난관리는 궁극적으로 국민의 삶의 질과 복지에 직결되는 중요 정책 과제이다. 즉, 재난관리의 부실은 행정 서비스의 수혜 대상인 국민들의 생명과 재산피해뿐만 아니라 국가 시스템 및 지방자치단체에도 악영향을 미쳐 총체적인 위기상황을 초래할 수 있다.

이와 같은 맥락에서, 지방자치단체 영역에서 재난관리가 중요한 정책 과제로 등장하게 되는데, 재난관리가 지방자치단체 차원에서 더욱 중요한 이유는 크게 다음과 같은 두 가지를 들 수 있다.

첫째로, 지방자치단체는 행정조직의 최일선에서 실질적인 국민들의 재산과 생명을 보호해야 하며, 재난발생의 현장에 가장 근접한 위치에 있기 때문이다. 즉, 지방자치단체는 재난관리의 실질적인 운영을 관리하는 일선 책임기관이다. 따라서 효율적인 재난관리에 대한 책임은 대부분이 중앙정부보다는 지방자치단체에게 주어지게 된다.

둘째로, 지방자치단체가 재난관리시스템을 보다 능동적이고 적극적으로 실현해야 하는 이유는 재난이 발생하면 지방자치단체가 지원하여야 할 비용이 증가하기 때문이다. 재난은 피해 지역에 엄청난 경제적인 충격을 가져온다. 지방자치단체의 재정은 법정 채무의 증가, 보험금의 요구 등이 급속히 증가함에 따라 고갈될 것이며, 궁극적으로는 예기치 못한 경제적 재난상황으로 전개될 수도 있다.

이와 같이 지방자치단체가 수행하는 재난관리의 중요성에도 불구하고, 효율적인 재난관리행정을 제약하는 몇 가지 제약요인이 있다.

첫째로, 재난상황에서 볼 수 있는 '시간적 제약성'이다. 재난관리는 그 자체가 시간적·물적 제한 속에서 이루어지는 일종의 비상관리이다. 다시 말해서, 재난관리에 있어 시간적 제약요인은 재난이 발생한 직후에는 재난관리에 대한 인식과 대비의식이 높다가 시간이 흐름에 따라 그 중요성에 대한 인식이 망각되면서 대비의 미흡으로 재난발생의 악순환이 계속된다.

둘째로, 피해 대상의 국지성에서 오는 제약요인이다. 여기서, 피해 대상의 국지성이란 "재난발생으로 인한 피해 대상이 일부 지역에 국한된다"는 것을 의미한다. 피해 대상이 국지성을 띠고 있을 때는 재난관리정책에 대한 국가적·사회적 합의 요구가 어렵고, 따라서 정책의 우선순위에서도 다른 경쟁관계에 있는 정책에 밀리는 결과를 초래한다. 이러한 피해의 국지성은 재난관리의 중요성에 대한 인식을 약하게 하여 보다 근본적이고 종합적인 사전대비 전략의 수립을 어렵게 한다.

셋째, 재난발생 예측의 불확실성에서 오는 제약요인이다. 재난은 언제, 어디서, 어떻게 발생할 것인가를 정확히 예측하는 것은 어렵다. 그러므로 이와 같은 재난예측의 불확실성은 재난 자체에 대한 방재의식을 약화시키는 결과가 되어 재난관리를 어렵게 하는 요인으로 작용한다.

또한, 재난관리의 재정적 제약요인이란 재난관리에 필요한 재정적 부담능력의 한계에서 오는 제약요인이다. 재난관리에는 막대한 재원이 필요한데, 상대적으로 재정이 열악한 지방자치단체 부문에서는 이를 충당할 만한 예산의 확보가 다른 업무에 비해서 어렵다. 또한, 경제적 효용성의 문제에 있어서도 비용과 편익을 측정하여 효율성을 측정하기 어렵다. 재난관리에 투자되는 각종 경비는 짧은 시간에 그 효과가 나타나는 것이 아니고, 장기적인 계획에 맞추어 설계하고 건설하는 경우가 많아서 그 경제성에 대한 찬반논쟁이 있게 되고, 대부분의 경우 정책의 우선순위에서 밀려 나게 된다. 이러한 요인은 곧 재난관리를 제약하는 요인으로 작용한다.

아울러 재난관리가 효과적으로 이루어지기 위해서는 재난관리에 정책의 우선순위가 주어져야 하고, 이를 위해서는 정치적인 지원이 절대적으로 필요하다. 재난은 앞서 지적한 그 속성상의 이유로 지역주민의 합일된 강한 요구와 옹호가 미약하여, 정치적으로 재난관리를 효과적으로 수행할 수 있는 법적·제도적 장치가 미비하였다.

이론적으로 볼 때, 재난관리는 완화(예방)와 대비, 대응과 복구라는 네 단계의 총체적인 과정이다.

여기서, 완화(예방) 과정은 재난발생 이전에 재난의 피해를 경감하기 위한 모든 활동으로서 각종 재난으로부터 국민의 생명과 재산에 대한 위험 정도를 감소시키려는 장기적인 내용으로 구성된다. 또한, 대비(준비) 과정은 앞서 언급한 완화(예방) 과정의 활동에도 불구하고, 재난발생 확률이 높아진 경우, 재난발생 후의 효과적으로 대응할 수 있도록 사전에 대응활동을 위한 메커니즘을 구성하는 등 운영적인 장치를 갖추는 단계이다. 아울러 대응과정은 재난이 발생한 경우, 재난으로 인한 인명과 재산피해를 최소화하고, 재난 확산을 막으며, 순조롭게 복구가 이루어질 수 있도록 활동하는 단계이다. 끝으로 복구과정은 재난에 대한 대응조치 이후 피해상태를 재난발생 이전의 상태로 회복하기 위한 과정이다. 이와 같은 재난관리의 네 과정은 상호 분리된 것이 아니라 연계되어 총체적인 재난관리 시스템을 구성한다.

특히, 지방자치단체의 재난에 대한 초기대응 과정은 불확실성(uncertainty), 긴급성(urgency), 집중성(convergence), 비상 심리(emergency consensus), 주민역할의 변화, 계약과 일반적인 관계의 약화를 특징으로 한다. 특히 초기대응 과정은 적실성(relevancy)이 가장 강조되는 과정이며, 지금까지 준비한 대책들이 가동되고, 계획의 합리성과 훈련의 실효성이 검증된다. 즉, 초기대응 과정은 실제로 재난이 발생한 경우 재난관리 기관들이 수행해야 할 각종 임무 및 기능을 적용하는 활동과정으로서 완화단계, 대비단계와 상호 연계함으로써 제2의 손실이 발생할 가능성을 감소시키고, 복구과정에서 발생할 수 있는 문제점들을 최소화하는 재난관리의 실제 활동을 의미한다.

궁극적으로, 성공적인 재난관리의 핵심은 재난발생을 최소화하기 위한 철저한 대비 노력과 함께 불가피하게 발생한 재난에 신속하고 효율적인 초기대응과 복구를 수행하는 것이다. 그러나 우리나라의 재난관리는 아직까지도 과거에 발생한 대형 재난으로부터 학습이 미비하다.

이 글에서는 재난으로 인한 인명과 재산피해를 최소화할 수 있는 방안으로서 각종 재난에 대한 기초지방자치단체의 초동대응 행정시스템을 집중적으로 분석하였다. 즉, 현행 기초지방자치단체의 재난에 대한 초기 대응시스템의 실태를 재난담당 공무원들에 대한 설문조사를 통하여 인식을 분석하고, 미국과 일본 등 주요 재난관리 선진국의 재난 초동대응 사례를 분석하고, 아울러 우리에게 주는 시사점을 도출하였다. 또한 과거 기초지방자치단체의 재난발생 현황 및 지방자치단체의 재난 초동대응 사례를 분석하였고, 기초지방자치단체의 재난 초기대응 행정시스템을 강릉시의 사례를 중심으로 분석하였으며, 끝으로 앞서 논의된 내용을 바탕으로 정책대안을 제시하였다.

먼저, 미국과 일본의 재난관리 사례를 분석하면서 공통적인 특징으로 지적할 수 있는 것은 국가 차원의 관심과 투자를 추진하여 왔고, 또한 국민의 생명을 중시하여 긴급구조 및 긴급의료체제가 짜임새 있게 구비되어 있다는 것이다.

미국은 인적 재난과 자연재난을 총괄하는 대통령 직속 조직을 구성하여 부처별로 분산되어 있는 기능을 통합, 조정할 수 있어 강력하고 효과적인 재난대응이 가능하다. 또한, 재난에 대한 일차적 책임을 지방정부에 일임하고, 대규모 재난에 대해 중앙정부가 인력과 예산을 지원함으로써 중앙과 지방간의 역할분담을 명확히 하여, 효율적인 재난관리가 이루어지고 있다. 그리고 재난관리기관에 충분한 예산 부여와 전문인력을 투입하여 재난에 효과적으로 대응할 수 있는 체제가 구축되어 있으며, 기초연구부터 실무연구를 수행하는 연구기관과 다양한 교육 및 훈련 프로그램을 마련하여 재난피해의 경감을 위한 적극적이고 장기적인 대책을 시행하고 있다.

반면에 일본은 각종 재난관련 조직이 분산되어 있지만 내각제의 특성을 살려 총리부에서 중앙정부의 재난관련 각종 사고에 대비한 조직과 기능을 총괄, 운영하고 있다. 또한, 적절한 법률과 조례를 통해 재난의 사전예방대책 수립과 조직의 기능을 극대화하고 있으며, 재난에 대한 최우선대책인 예방대책의 수립을 위해 국가연구기관은 물론 대학연구기관에서 재난에 대한 다양한 연구를 수행하고 있다.

다시 말해서, 미국 재난관리의 특징은 재해·재난에 대한 부처(FEMA)를 중심으로 한 통합적 관리 방식이라고 할 수 있다. 원활한 조정과 협조체계가 갖추어진 통합적인 조직과 국가비상관리정보시스템(NEMIS)의 체계적이고 일관성 있는 관리가 미국의 방재체계와 관리에 있어 가장 중요한 점이다. 재해·재난이 많은 일본에서 또한 지방자치단체가 일차적으로 대응하고, 비상대책본부가 설치된다. 무엇보다도 재난·재해 유형별 방재 시스템을 구축하여 피해를 최소화하는 관리 방식이 특징적이며, 재난발생시 민·관 협력 체계, 신속한 정보 네트워크 구축 등 신속한 대응체계의 확립이 주요 특징이라 할 수 있다.

미국과 일본의 재난발생시 초동대응에 대한 재난관리체제의 시사점을 살펴보면 다음과 같다.

첫째, 미국과 일본의 경우, 재난발생시 초동대응에 위성통신망 등 첨단과학기술을 이용한 방재정보 전문시스템을 운영하고 있으며, 각종 시스템의 전문인력을 확충하여 종합관리체계를 구축하게 된다.

둘째, 재난발생시 재난상황에 대한 실시간 상황보고 및 정보제공 서비스를 실시하고, 관계기관의 재난관리 정보를 공유하여 네트워크를 구축하고 있다.

셋째, 무엇보다도 재해 및 재난발생시 피해를 최소화하기 위해서는 신속하게 대응할 수 있도록 책임을 명확히 하고 있다. 재난에 대한 일차적 책임을 지방정부에 일임하고, 대규모 재난이 발생하면 중앙정부가 인력 및 예산을 지원하여 중앙정부와 지방정부간의 역할분담을 명확하게 하여 효율적인 재난관리가 이루어지고 있다.

우리나라도 재난대비 관련 시스템의 외형적인 면을 갖추었다고 할 수 있지만 가장 기본적인 관계기관간의 이해와 협조를 통한 네트워크 확립과 지방자치단체가 재난관리의 일차적인 책임을 질 수 있도록 하는 기반 여건을 갖추도록 많은 노력을 기울여야 할 것이다.

재난관리에 대한 선진국과 후진국의 구분점을 말한다면, 선진국에서는 사전예방을 최우선 행정으로 규정하고 이를 단계적으로 추진한다는 점이며, 후진국은 피해발생 이후 수습과 복구를 위주로 위기를 관리한다는 점이다. 이러한 문제는 경제성장 위주의 정책으로 후진국은 재난관리에 경제력을 투입할 여력이 없다는 논리를 내세우지만, 사전예방이 사후수습보다 훨씬 경제적이라는 점에서 재난관리 능력의 향상은 매우 중요한 의미를 갖는다.

앞서 주요 선진국들의 사례와 이론적 논의, 강릉시의 재난대응 정책 사례들을 기초로 하여 지방자치단체의 재난 초동대응 행정시스템의 개선방안을 압축하여 제시하면 다음과 같다.

첫째, 재난관리 재정은 단순히 재난이 발생한 후에 필요한 응급처리비나 복구에 소요되는 재원만을 포함해서는 안되고, 재난을 사전에 약화시키거나 방지하는 경비 및 위기의 인식과 평가에 수반되는 비용도 포함하여야 한다. 왜냐 하면 재난은 사전에 대비하는 것이 보다 중요하며, 주요 재난에 대한 체계적이고 효율적인 사전대비 접근법을 통해 예방에 치중하게 되면 지방재정을 절약할 수 있기 때문이다.

재난관리 체계를 효율적으로 운영하기 위해서는 무엇보다도 재난관리 서비스 제공에 필요한 예산이 충분히 확보되어야 한다. 특히, 재난의 예측과 예방, 준비에 대한 예산이 충분히 달성되어야 한다. 그럼에도 불구하고, 현재는 재난발생에 따른 대응과 복구 중심의 예산이 불안정하게 배정 집행되고 있어 향후에는 이를 개선하기 위한 방안이 마련될 필요성이 있다. 예산의 안정적 지원이 요구되는 경우에는 안전세(safety tax)의 신설을 통해 국민의 재난관리 서비스에 대한 규범적 기대를 충족시켜 주는 방안을 모색해 볼 수도 있다. 또한, 재난관리 기금의 효율적인 관리의 개선방안을 들 수 있다. 현재의 열악한 지방재정자립도를 감안하면 재난관리에 있어서 재원부족이 현실적으로 나타나는데, 향후 지방자치단체의 재정자립도를 감안하여 일반예산을 반드시 재난예방사업으로 활용할 수 있는 기준을 제시하고, 동시에 재난관리기금을 활용할 수 있도록 융통성을 줄 필요가 있다.

둘째, 우리나라 지방자치단체의 경우는 재난관리 역량이 아직은 부족한 실정이다. 게다가 총액인건비제 등의 시행으로 인해 정책 및 예산우선 순위에서 재난관리 영역은 항상 후순위에 놓일 가능성이 더욱 커졌다. 따라서 현재 유사업무이면서 분리되어 있는 기능인 소방, 민방위, 방재, 안전관리 등을 통합하여 재난관리 조직의 역량을 제고시킬 필요가 있으며, 재난관리 직렬을 신설해야 한다.

셋째, 효율적인 기초지방자치단체의 재난 초동대응 시스템을 확립하기 위해서는 기초지방자치단체의 실질적인 재난총괄, 조정기능을 확보할 수 있도록 단체장 직속의 재난관리실을 신설해야 한다. 즉, 지금의 과(課) 단위의 부서를 실(室) 단위로 상향 조정하여 조직을 개편해야 한다.

또한, 일반 업무를 제외한 상황관리 업무를 전담하는 인력을 확보해야 한다. 그 방안으로서 전보제한제를 철저하게 시행하고, 기술직(전산직 및 통신직) 직원을 충원해야 하며, 평소 재난시설물들에 대한 안전점검을 실시하고, 재난발생시 재난현장에 출동하여 재난수습을 전담하는 기동대응팀을 신설하는 방안도 검토할 필요가 있다.

아울러, 현재 우리나라의 각종 재난현장에 도착하는 무수한 자원봉사자들은 체계적으로 교육훈련을 받은 사람들이 아니다. 각각의 인도적인 신념으로 재난현장에 도착하여 피해 지역에서 무언인가 좋은 일을 하려는 의지가 그 자체로 좋은 결과로 이어지는 것은 아니다. 그들은 현지의 사정이나 재난관련 기반조건에 대한 이해가 부족하고, 주민들의 행동양식을 제대로 이해하지 못하는 경우가 많다. 뿐만 아니라 재난관리를 전체적으로 조망하고 판단할 수 있는 시스템이 갖추어져 있지 않다면 개별적인 자원봉사자들은 임의적으로 사태를 판단하거나 매우 좁은 관점에서 문제해결을 시도한다. 이런 관점에서 볼 때, 재난자원 봉사활동은 전체 재난관리시스템 안에서 잘 기획되고, 조직화되어야 하며, 관리통제될 필요가 있다. 이와 함께 포괄적인 재난관리의 전 과정에서의 재난관리 봉사활동을 고려하고 조직적으로 체계화할 필요가 있으며, 재난현장에 투입될 자원봉사자들의 합동간담회, 재난현장 자원봉사단체 합동 상황실 운영 등의 방안도 시급히 요청되는 과제라고 할 수 있다.

넷째, 기초지방자치단체 재난상황 근무인원을 확충하여야 한다. 그 예로서 공익근무요원을 선발하는 문제도 검토할 수 있고, 상환근무자의 3교대제, 근무성적평정시 우대 등을 고려할 수 있다. 아울러 국내 방재전문교육기관(국립방재교육연구원, 소방학교 등) 및 시도공무원교육원 등에 전문 재난상황관리자 과정을 신설하는 방안과 재난담당 공무원들에 대한 해외 연수 등을 적극적으로 실시할 필요가 있다. 또한, 지역에 소재한 대학과의 연계를 통한 교육훈련의 내실화 등을 고려해 볼 수 있다. 한 가지 사례로서 소방방재청과 서울시립대학교가 계약학과를 설치하여 운영하는 경우를 들 수 있다. 강릉시와 평창군의 경우, 지역의 대학과 계약학과 또는 연계교육 등을 실시하여 등록금은 지방자치단체에서 부담하고, 대학은 재난업무에 대한 내실 있는 교육을 실시함으로써 학사, 석사, 박사 학위과정을 운영하는 것이다. 아울러 주기적인 세미나와 워크샵 등을 개최함으로써 관련 학술 및 연구 정보의 교류, 새로운 대안의 개발과 도출을 기할 수 있을 것이다. 아울러 재난관리 담당공무원들에 대한 면담조사 결과, 현재 재난관리의 최일선 현장에서 초동대응 및 복구 및 구호 등의 업무를 수행하고 있는 통·리·반장의 교육훈련이 거의 전무한 상태이다. 아울러 재난관리의 업무를 수행하고 있는 민간단체와 자원봉사자들에 대한 교육 및 사전 간담회를 통한 시스템 구축도 거의 이루어지지 못하고 있는 실정이다.

따라서 효율적인 재난 초동대응 행정시스템의 확립을 위해서는 통·리·반장과 민간모니터 요원, 풍수해 감시인, 지역자율방재단, 자원봉사단체 등 재난현장 정보원에 대한 지속적인 교육훈련이 적실성있게 이루어져야 한다. 그리고 재난현장에 투입될 자원봉사자들의 합동간담회, 재난현장 자원봉사단체 합동상황실 운영 등의 방안도 시급히 요청되는 과제라고 할 수 있다.

다섯째, 우리나라의 경우, 현재 지방자치단체의 각종 재난에 대한 재난현장관리시스템에 있어서 집계 위주, 보고 위주의 상황관리 시스템 개발로 인해서 부서간, 유관기관간 재난현장 지휘를 지원하는 모바일 시스템이 미흡하다.

그리고 재난현장은 재난전문기관이 도착하기 이전에 자원봉사단체, 지역자율방재단, 의용소방대 등 일반시민들이 가장 먼저 도착하기 때문에 이들로부터 재난정보를 취득할 수 있는 시스템이 구축되지 않았다. 이와 같은 문제점을 해소하고 재난발생시 신속하게 대응하고, 현장을 효율적으로 지원하기 위해서는 현장 유관기관간에 정보공유기능 및 모바일 기능을 강화해야 한다. 아울러 핸드폰 화상 및 문자전송 수신시스템 구축, 민간자원관리시스템을 개발하여 보급하는 것이 필요하다. 궁극적으로는 재난관련 유관기관들끼리 통합적으로 운영할 수 있는 종합적인 재난정보관리시스템을 구축 운영하여야 하며, 전문통신망 확보를 비롯하여 전문인력을 통한 각종 시스템의 종합관리가 가능하도록 힘써야 할 것이다.

끝으로, 지역의 행정을 관할하는 지방자치단체가 재난관리의 일차적인 책임을 질 수 있도록 하는 여건과 기반조성이 필요하다. 중앙정부는 지방자치단체의 재난관리를 적극적으로 지원하며, 지방자치단체의 대응역량을 초과하는 대규모 재난대응을 책임지는 형태로 역할을 분담해야 한다.

재난의 최일선에서 재난관리 업무를 수행하는 지방자치단체의 재난관리 역량을 강화시키기 위한 조직 및 인력의 확충과 함께, 재난관리 담당 공무원들에 대한 교육훈련을 통해 전문성을 확보해야 한다.

재난관리는 국가의 어느 한 기관의 힘으로 이루어지는 것이 아니라 관계기관간 끊임없는 이해와 협조를 통하여 이루어지는 것으로 중앙정부 및 지방자치단체는 이러한 부분에 대한 연구를 끊임없이 진행하여야 할 것이다. 이와 같은 꾸준한 연구와 투자가 결국에는 재난으로 인한 피해를 최소화하는 선진 재난관리 국가로 자리매김할 것이다.

참고 문헌

1. 국내 문헌

감사원(2003). 「자연재해 대비실태 감사」.

강릉시 홈 페이지 및 내부자료.

강릉시 재난관리과 내부자료.

강릉시(2007a). 자연재난 풍수해 대비 종합계획.

———(2007b). 자연재난의 행동표준화 매뉴얼.

———(2007c). 여름철 풍수해 표준행동 매뉴얼- 태풍, 호우, 풍랑, 강풍.

구글 블로그 자료. http://www.google.co.kr.

국가안전보장회의 사무처 내부자료(2007).

국회사무처 법제예산실(1999). 재난관리의 일원화를 위한 법제적 검토: 소방청 신설을 중심으로. 「법제현안」, 제99-9호(통권 제94호).

권건주(2003). 한국 지방정부 재난관리 행정체제의 개선방안에 관한 연구. 강원대학교 대학원 행정학 박사논문.

———(2005). 지방정부 재난관리조직의 효율화 방안. 「한국위기관리논집」, 1(2): 79-92.

———(2007). 기초지방자치단체의 초동재난 효율화방안, (재)희망제작소 재난관리연구소 제6차 세미나 발표논문집.

권오한(2004). 위기현장 지휘자의 지휘행동이 현장구성원들의 사기·응집성·만족도에 미치는 영향, 호서대학교 행정학박사 학위논문.

권오한·남상화·이춘하(2001). 재난관리조직의 실태분석과 발전방안. 「한국화재·소방학회지」 15(1).

권태호 외(2007). 지속가능한 재난관리를 위한 지역자율 방재조직의 활동 프로그램, 「국제위기관리 학술세미나 발표 논문집」.

김겸훈(2007). 재난관리 행정체계의 운영 현황-재난관리 주체의 구조 및 부문별 협력유형, 「국제 위기관리학술세미나 발표논문집」.

김경남(2007). 지자체의 자연재해 초동대응 절차 개선을 위한 사례분석 연구,

「(재)희망제작소 재난관리연구소 제6차 학술세미나 발표논문집」.
김경남·권건주(2007). 지역 재난관리의 주민조직 활성화방안, 「국제위기관리 학술세미나 발표논문집」.
김동욱(2003). 국가재해재난 관리체계 재정립 방안. 「재해재난관리체계 재정립 방안」. 행정개혁 시민연합. 1-15.
김영규(2005). 경남의 자연재해대책 문제점과 개선방안. 「제1회 경남방재혁신 세미나자료집」. 경남발전연구원.
김영근(1999). 미국의 재난관리 행정체계에 관한 연구, 「정치정보연구」 2(3).
김영수(1998). 지방자치단체의 재난통합관리체제 구축에 관한 연구. 「지방정부연구」 2(2): 59-78.
김영규·임송태(1997). 재난대응체계 모델에 관한 연구. 「지방행정연구」 11(4).
김영평·최병선·소영진·정익재(1995). 한국인의 위험인지와 정책적 함의. 「한국행정학보」, 29(3): 935-954.
김영평(1995). 현대사회와 위험의 문제, 「한국행정연구」 3, 한국행정연구원.
김중양(2004). 대구지하철 참사수습과 재난관리대책. 한국행정연구원 「행정포커스」 2004. 1/2: 38-56.
김태윤(2003). 우리나라의 국가재해관리체계의 모색. 「재해재난 관리체계 재정립 방안」. 행정개혁시민연합. 16-41.
김태현(2005). 대형재난 수습체계 분석을 통한 재난 대응체계 구축에 관한 연구. 경북대학교. 건축공학석사 학위논문.
김향식(2001). 광역자치단체의 재난통합관리체계 구축방안에 관한 연구. 한남대학교 행정정책 대학원 석사 학위논문.
남궁근(1995). 재해관리행정체제의 국가간 비교연구: 미국과 한국의 사례를 중심으로. 「한국행정학보」, 29(3): 957-981.
류상일(2007). 한국의 지방자치단체 재난대응체계-정책 네트워크 이론의 호혜성과 확장성을 중심으로, 충북대학교 행정학박사 학위논문.
명승환·전주상(2004). 위기, 재난관리 분야 정부조직개편: 신설 소방방재청의 비전과 전략. 「한국행정학회 한국조직학회 공동기획세미나 발표논문집」. 34-54.
박덕규(2005). 전라북도 재난관리조직 개편에 관한 연구. 전북대학교 행정대학원 석사학위논문.
박동균(1995). 지방정부의 위기관리행정에 관한 연구, 동국대학교 행정학박사 학위논문.
———(2002). 지방자치단체의 위기관리: 우리나라 재난관리의 문제점과 개선 방안. 「지방행정」. 51(588):27-37.
———(2004). 한국 경찰의 위기관리능력 제고방안. 「한국공안행정학회보」 18호. 한국공안행정학회.
———(2005). 위기관리에 대한 일선경찰관들의 인식분석을 통한 정책대안 모색, 「한국공안행정학회보」 19호, 한국공안행정학회.
———(2007). 지방자치단체의 재난 초동대응 시스템 강화방안, 「국제위기관리 학술세미나 발표 논문집」.
박석희 · 노화준 · 안대승(2004). 재난관리행정에 대한 네트워크적 분석. 「행정논총」. 42(1): 103-132.
서울시정개발연구원(2004). 서울시 대규모 재난관리를 위한 기본 추진전략 수립방안(1)－국내외 대규모 재난 사례분석을 중심으로.
성기환(2007). 이재민 복지서비스 증진을 위한 통합적 사회복지 서비스 전달체계 구축, 「국제 위기관리학술세미나 발표논문집」.
소방방재청(2006a). 「2006년 연두 업무보고서」.
———(2006b). 「2005 재난연감」.
신양균(2007). 수사구조 개혁에 부합하는 경찰수사조직의 발전방안, 「치안논총」 23집, 치안정책연구소.
심우배(2005a). 「미국의 방재조직 및 재난관리」. 국토연구원.
———(2005b). 「일본 방재체제의 현황과 시사점」. 국토연구원.
심재현(1999). 선진국의 재난관리를 통해 본 우리나라의 재난관리 개선방안. 「위험관리지」, 가을호.
양기근(2004). 위기관리 조직학습체제에 관한 연구－한국과 미국의 위기관리 사례 비교분석을 중심으로. 「경희대학교 행정학박사 학위논문」.
양기근 외(2005). 지방정부 재난관리조직의 개선 방안－통합형 재난관리 조직 설계. 「한국행정학회 하계학술대회 발표논문집」.
오재호(2007). 지구온난화에 따른 풍수해 발생전망. 「국제위기관리 학술세미나 발표논문집」.
위금숙(2007). 미국 사례와의 비교를 통한 우리나라 재난현장 대응체계의 문제점 분석. 「국제위기 관리학술세미나 발표논문집」.
위평량(2007). 재난관련 예산에 관한 이론적 모색과 기금의 효율화에 관한 연구. 「국제위기관리학술 세미나 발표논문집」.

유문부(2004). 위험사회와 성찰성 그리고 사회적 안전. 「경호경비연구」 8호. 한국경호경비학회.

유민봉(2005). 「한국인사행정론」, 서울: 박영사.

이강호(2005). 지방재난관리체계의 발전방안에 관한 연구: 경남소방방재조직을 중심으로. 창원대학교 대학원 석사 학위논문.

이종열외(2004). 국가위기관리 통합적 체계구축에 관한 연구. 「서울행정학회」. 15(2): 347-367.

이재은(2005). 통합위기관리시스템의 효율화 방안. 「한국위기관리논집」, 1(2): 25-43.

———(2004). 재난관리시스템 개편과정 쟁점 분석 및 향후 방향. 「행정논총」, 42(2): 147-169.

이재은 외(2006). 「재난관리론」. 서울: 대영문화사.

이창원 · 강제상 · 이원희(2003). 재난관련 조직개편 어떻게 할 것인가? 「2003년 한국행정학회 세미나 발표 논문집」.

이호동(2007). 한국의 재난관리정책—정책 네트워크 접근을 중심으로, 「국제위기관리학술세미나 발표논문집」.

이황우 · 조병인 · 최응렬(2004). 「경찰학개론」. 한국형사정책연구원.

장석화(2002). 일선 재난관리행정에 관한 연구—재난대응 관리를 중심으로, 동국대학교 행정학박사 학위논문.

전영평 · 조광현(2003). 대구의 지방 정치 위기와 지하철 재난관리 실패. 「한국정부학회 학술세미나 발표논문집」.

정기성(2001). 「한국의 재난관리체제에 관한 연구」. 전북대학교 대학원 박사 학위논문.

———(2003). 재난관리 행정체계의 합리적 개선에 관한 연구. 「한국정치정보학회」. 6(1):213-247.

정선영(2005). 「해외 재난정보시스템 구축 사례」. 국토연구원.

조호대(2003). 우리나라 재난관리체계의 문제점 및 개선방안: 재난관련법 개선방안을 중심으로. 「아세아태평양공법학회」. 11(0):177-208.

———(2006). 한국 경찰의 수사전문화 방안—수사경과제 실시에 따른 문제점 및 개선방안을 중심으로. 「한국경찰학회보」 11호. 한국경찰학회.

채경석(2004). 「위기관리정책론」. 서울: 대왕사.

최기순(2007). 지방정부의 자연재난 초동대비와 시민사회 동참, 「(재)희망제작소 재난관리연구소 제6차 학술세미나 발표논문집」.

최남희(2007). 재난관리 자원봉사자 역량 확대를 위한 관리체제. 「국제위기관리학술세미나 발표논문집」.

최용호(2005). 지방정부의 사전대비 재난관리체제 효율성의 영향요인에 관한 실증적 연구. 「2005년도 한국행정학회 춘계학술대회 발표논문집-한국행정학의 성찰과 전망」.

한동우(2007). 재난관리 자원봉사자 역량강화를 위한 교육체계 연구. 「국제위기관리학술세미나 발표논문집」.

한상대(2004). 지방자치단체 재난관리체제에 관한 연구. 아주대학교 공공정책대학원 행정학석사 학위논문.

2. 외국 문헌

Abraham, K. S.(1986), *Distributing Risk*(New Haven: Yale Univ. Press)

Charles, T. M. & Kim, J. C.(1988), *Crisis Management: A Case Book* (Spring field: Charles C. Thomas).

Cigler, Beverly A.(1988), "Emergency Management and Public Administration." in Michael T. Charles & John Choon K. Kim (ed.). *Crisis Management: A Casebook*. Springfield, IL: Charles C. Thomas Publisher.

Clarke, J. H.(1989), *Population and Disaster* et al.(Cambridge: Basil Blackwel)

Coburn, A. W.(1991), *Disaster Mitigation*, UNDP/UNDRO.

Cole, R. L.(1980), *Introduction to Political Inquiry*, Macmillian Publishing Co.

Coleman, R. J. & Granito, J. A.(1988), *Managing Fire Services* (Washington, D. C.: ICMA)

Comfort, L. K.(1988), *Managing Disaster—Strategies and the Policy Perspective*(Durham and London: Duke Univ. Press)

Clary, Bruce B.(1985), "The Evolution and Structure of Natural Hazard Policies," *Public Administration Review*(special issue), 45.

Drabek, T. E.(1985), "Managing the Emergency Response," *Public*

Administration Review(special issue) 45.

———(1990), *Emergency Management: Strategies for maintaining organizational integrity*(New York: Springer-Verlag).

———(1991), *Emergency Management: Principles and practice for local government*, (Washington D. C.: International City Management Association).

French, Steven P.(1991), The Technical Feasibility of Risk Analysis. Raymond J. Burby(ed.). *Sharing Environmental Risks: How to Control Governments' Losses in Natural Disasters*. Boulder, Co: Westview Press, Inc.

Godschalk, David R. & David J. Brower(1985), "Mitigation Strategies and Integrated Emergency Management" *Public Administration Review* (special issue), 45.

Kasperson, R. E. & K. D. Pijawka(1985), "Societal Response to Hazards and Major Hazard Events: Comparing Natural and Technological Hazards." *Public Administration Review*(special issue), 45.

Kreps, Gary A.(1991), "Organizing for Emergency Management," in Thomas E. Drabek & Gerard J. Hoetmer(eds). *Emergency Management: Principles and Practice for Local Government*. Washington, D. C.: International City Management Association.

McLouglin, David.(1985), "A Framework for Integrated Emergency Management." *Public Administration Review*(special issue), 45.

Mileti, Dennis S. & John H. Sorensen(1987), "Determinants of Organizational Effectiveness in Responding to Low Probability Catastrophic Events," *The Columbia Journal of World Business*. 22(1).

Perry, R. W.(1985), "Incentives for Evacuation in Natural Disaster," *JAPA*, Vol. 45. No. 4., Oct.

Perry, R. W. & Nigg, J. M.(1985), "Emergency Management Strategies for Communicating Hazard Information," *PAR*, Vol. 45. Special Issue, Jan.

Petak, William J.(1985), "Emergency Management: A Challenge for Public Administration," *Public Administration Review*(special issue), 45.

Pickett, John H. & Barbara A. Block(1991), "Day-to-Day Management." In Thomas E. Drabek & Gerard J. Hoetmer(eds.), *Emergency Management*: Principles and Practice for Local Government. Washington, DC: International City Management Association.

Quarantelli, E. L.(1978), *Disaster: Theory and Research*(London: SAGE LTD)

Rubin, Claire B. & Daniel G. Barbee(1985), "Disaster Recovery and Hazard Mitigation: Bridging the Intergovernmental Gap," *Public Administration Review*(special issue), 45.

Siegel, G. B.(1985), "Human Resource Development for Emergency Management," *Public Administration Review*(special issue), 45.

Sullivan, John L.(1997), *Introduction to Police Science*, New York: Mcgraw-Hill Bood Com.

Tierney, Kathleen J.(1985), "Emergency Medical Preparedness and Response in Disasters: The Need for Intergovernmental Coordination", *Public Administration Review*(special issue), 45.

Zimmerman, Rae(1985), "The Relationship of Emergency Management to Government Policies on Man-Made Technological Disasters," *Public Administration Review*(special issue), 45.

大矢雅彦 外(1989), 自然災害を知る防ぐ, 古今書院.

近藤完一(1973), 現代技術の論理, 東洋經濟新報社.

藤井陽一郎(1992), 環境の變貌と防災, 新草出版.

未來工學硏究所(1986), 情報化社會のアキレス腱.

富田信男・揺江 甚 編(1985), 危機とデモクラシ-, 東京: 學陽書房.

日本科學者會議 編(1982), 現代の災害, 水曜社.

石原安雄(1986), 都市の變容と自然災害, 日本學術振興會.

安倍北夫・秋元律郎 編(1982), 都市災害の科學, 有斐閣.

災害對策制度委員會(1991), 日本の災害對策: その現行制度のすべて.

村上處直(1990), 都市防災計劃論- 時空のからみた都市論, 同文書院.

찾아보기

저자 약력

박동균
동국대학교(행정학 박사)
현, 대구한의대학교 경찰행정학과 교수

박창근
서울대학교(토목공학 박사)
현, 관동대학교 토목공학과 교수

송철호
서울시립대학교(행정학 박사)
현, 서울시립대학교 도시방재안전연구소 연구위원

오재호
미국 오레곤주립대학교(이학 박사)
현, 부경대학교 환경대기과학과 교수

지방자치단체의 재난대응론

펴낸날 / 제1판 제1쇄 2009년 2월 20일

지은이 / 박동균 · 박창근 · 송철호 · 오재호

펴낸이 / 임춘환

펴낸곳 / 도서출판 대영문화사

주소 / 서울 용산구 청파동 1가 178-2 ㊁ 140-869

등록 / 1975년 12월 26일 제3-16호

전화 / (02)716-3883, (02)714-3062

팩시밀리 / (02)703-3839

우체국 온라인 / 011353-02-009106

ISBN 978-89-7644-301-4

978-89-7644-300-7(전5권)

〔값 10,000원〕

*잘못된 책은 바꾸어 드립니다.

*이 연구는 POSCO 후원으로 수행되었습니다.